U0501390

卡尔·威特的家教智慧

董亚兰◎编著

北京工业大学出版社

图书在版编目（CIP）数据

卡尔·威特的家教智慧／董亚兰编著. — 北京 ：
北京工业大学出版社，2016.11 （2021.9 重印）
ISBN 978-7-5639-4895-6

Ⅰ．①卡⋯ Ⅱ．①董⋯ Ⅲ．①儿童教育－家庭教育
Ⅳ．①G782

中国版本图书馆 CIP 数据核字 (2016) 第 217522 号

卡尔·威特的家教智慧

编　　著：董亚兰
责任编辑：付春怡
封面设计：周　飞
出版发行：北京工业大学出版社
　　　　　（北京市朝阳区平乐园 100 号　邮编：100124）
　　　　　010-67391722（传真）　bgdcbs@sina.com
经销单位：全国各地新华书店
承印单位：唐山市铭诚印刷有限公司
开　　本：787 毫米 ×1092 毫米　1/16
印　　张：14
字　　数：204 千字
版　　次：2016 年 11 月第 1 版
印　　次：2021 年 9 月第 2 次印刷
标准书号：ISBN 978-7-5639-4895-6
定　　价：39.80 元

版权所有　翻印必究

（如发现印装质量问题，请寄本社发行部调换 010-67391106）

前　　言

　　19世纪初的一个夏天，卡尔·威特在52岁时迎来了自己的第二个孩子，由于第一个孩子的夭折，这位悲伤的父亲决心将自己全部的心血都倾注在这个来之不易的孩子身上。但不幸的是，小卡尔先天发育不良，出生时呼吸困难、四肢抽搐、反应迟钝，甚至被断定是个智障儿童。作为父亲，卡尔·威特的悲伤不言而喻。但是失望的卡尔·威特并没有因此而放弃，他决心给这个孩子最好的教育，一定要将小卡尔培养成一个非凡的人。

　　从小卡尔一出生，卡尔·威特就制订了周密而严格的教育计划。但是他的想法在当时几乎遭到了所有人的反对，人们认为他的想法简直是天方夜谭。因为按照当时的教育观念，一个人成才与否是由天赋决定的，卡尔·威特的想法无疑是向当时的整个教育界提出挑战。

　　但是小卡尔用自己的成功向世界证明，父亲卡尔·威特的想法是正确的！一个一出生就被认定是智障的孩子，八岁时就已熟练掌握了英语、法语、德语、拉丁语、意大利语、希腊语等六种语言，通晓化学、动物学、植物学、物理学，尤其擅长数学，九岁时小卡尔考入莱比锡大学，十岁又进入哥根廷大学，十三岁时出版了《三角术》，十四岁时因为优秀的论文而被授予哲学博士学位。

小卡尔并不是一个传统意义上的天才，他的成功除了由于自身的努力外，很大程度上依赖于父亲卡尔·威特科学正确的家庭教育。为了阐明自己的教育理念，同时为了答谢关心自己的朋友们，卡尔·威特将自己的教育理念和方法公之于众。在此后的三个世纪里，小卡尔作为世界上最早、最成功的早教案例在世界各地广为流传，卡尔·威特的教育理念也影响着一代又一代的父母和孩子。

关于卡尔·威特教育智慧的书籍在市面上已有多个版本。我们为了使卡尔·威特的教育理念更好地被中国父母理解和接受，使其能够帮助中国孩子健康成长，在仔细研读了已有的经典之作之后，取其精华，加入了很多的精彩案例和生动故事，策划和推出了这本书，希望对家长朋友们有所帮助。

每个孩子都是父母的天使。当孩子还未出世时，如何做出合理的家庭计划以便将来对孩子实施教育？摇篮期的孩子该怎样进行身体锻炼？除了身体健康，孩子的心理健康同样重要，当孩子因缺乏勇气而无法做出正确选择时，父母该如何去做？这些孩子成长中最常见的问题，本书都将为您详细解答。

本书还涉及孩子成长过程中的身体健康、心理健康、人际交往、人生智慧、理财能力等方面的问题，在引用卡尔·威特的家教故事的基础上，以身边生动的案例和故事作为佐证，最后结合实际，为家长提出切实可行的家教建议，相信本书可以成为家长帮助孩子走向成功的桥梁。

目　录

第三章　培养品格，让孩子从小接受家庭的熏陶

第四章　培养爱心，让孩子在行动中发现爱

第五章　正面教育，让孩子更优秀

第六章　培养能力，让孩子拥有真正的智慧

第七章　友爱团结，让孩子学会与他人融洽相处

第八章 激发兴趣，让孩子爱上学习

第九章 游戏教育，让孩子在玩耍中快乐成长

第十章　财富教育，让孩子树立正确的财富观

第十一章　掌握避免伤害孩子的教育方法

第一章

做好准备，
帮孩子迈好人生的第一步

教子计划从母亲怀孕之前开始

卡尔·威特直到52岁时才迎来了小卡尔，他为这个孩子付出了很多心血。他的朋友告诉他，父母饮酒对胎儿的发育具有非常恶劣的影响，如果是母亲饮酒，更容易导致孩子畸形。因此在妻子准备怀孕的前3个月，卡尔·威特就戒了酒，作为牧师的他还放弃晚间的祷告，坚持早睡早起和适当的体育锻炼，出门时尽量步行，而不是像往常一样用马车代步。

女人是脆弱的，但母亲是坚强的。卡尔·威特非常欣赏妻子的就是她在怀孕后表现出来的坚强。在怀孕后，他的妻子不会随意发脾气，即使在遇到不开心的事时，也能够很快调整心态，很少让自己沉浸在悲伤中。在饮食方面妻子也格外注意，坚决不吃辛辣的食物，也不吃油炸食品，连自己最喜欢的油炸咸鱼都戒掉了。

由于第一个孩子的夭折，卡尔·威特在妻子怀小卡尔时格外紧张，但他们依然彼此鼓励，告诉对方孩子肯定是最健康的。为了让怀孕的妻子保持愉快的心情，卡尔·威特还从邻居家抱来一只小狗。后来小卡尔出生后不太健康，卡尔·威特感到非常沮丧，他认为这可能跟这只小狗有关系。因此他建议，孕妇最好和小猫小狗等动物保持距离，以防动物身上的细菌会对孩子造成不利影响。

美国俄亥俄州有这样一个家庭，全家有6口人，爸爸是乔瑟夫·史赛狄克，妈妈名叫实子，是日本人，他们夫妇的四个女儿被誉为"四位全世界最聪明的姊妹"，智商都在160以上，被列入全美5%的高智商者的行列。

大女儿苏珊在5岁时，从幼儿园连跳多级，直接进入初级学校的九年级（相当于中国的初中三年级）初中，在10岁时便参加大学入学资格考试，并且以接近满分的成绩被录取，成为全美国最年轻的大学生。

二女儿斯蒂茜在13岁时成为大学生。三女儿斯蒂芬妮在原本该上小学的年纪也已经升入了高中，最小的女儿吉安娜9岁上初中三年级。

但是，这些聪明的孩子并不是"两耳不闻窗外事"的书呆子，她们各有所长，诗词、钢琴、绘画、电脑技术等也是各自精通。

父母都是非常平凡的人，智商没有过人之处，但是孩子们却如此出色，应该说和成功的胎教是分不开的。

后来母亲实子在《斯瑟蒂克胎教法》中这样写道："我们并不是为了要生一个'天才儿童'才进行胎教的，而是想让孩子今后的人生过得更加幸福和有意义。为此，在孩子未出世时，我们让她对种事情感兴趣，并培养她理解这些事情的能力，只是结果恰好和'天才'这个称号联系在一起罢了。"

有这样一对夫妻，他们有一个非常聪慧可爱的儿子，3个月时就已经能有意识地叫爸爸、妈妈；半岁就已经能够站立，并且会说简单的话，还懂得一些常用名词的意思；7个月会扶着栏杆走路，能分辨左右；1岁会走路；快2岁的他已经会自己穿袜、穿鞋。

但是这个孩子并非"天才"，相反，他还是一个妈妈怀孕7个月就生下来的早产儿。

在怀孕时，他的妈妈非常注重胎教问题。她每天用很多时间和肚子里的孩子说话和交流，从起床跟他说早安开始，给孩子描述早餐、路边的风景、看到的人、事物等，等到进了公司在电脑前坐定，她就会告诉他："宝宝，妈妈要开始上班了哦！你自己要乖乖的，别调皮，等妈妈工作完再陪你玩。"说来也很神奇，从这个时候起孩子就真的非常安静，很少乱动。

除了和肚子里的孩子讲中文外，妈妈也给他讲英文故事。孩子出生后，妈妈依然维持同样的对话模式，中英文一起教，还帮孩子买了一套英语教材。孩子不到2岁，就能够说出许多个英文单词。

以上是非常典型的案例，成功的早教让这个普通家庭的孩子变得十分出色。由此可以看出，早教对孩子的成长有一定的作用。早教，意味着父母要在孩子出生之前就开始为教育打基础、做准备。家长不仅要做好充足的孕前准备，还应在怀孕期间多与腹中胎儿交谈，使孩子获得良好的胎教。

很多家长可能认为，跟尚未出世的孩子谈话、对他们进行教育是没有必要的。但事实证明，当孩子还在妈妈肚子里时，他们就已经有了一定的思维意识，多与胎儿交流，能促进胎儿的大脑发育，更容易激发孩子的潜力。根据卡尔·威特的观点，一个天才儿童的成长离不开优质父母的用心培养。从怀孕的准备时期到胚胎发育时期，再到孩子出生之后的教育，每个环节都关系到孩子的智力发育。家长要做的，就是抓住这几个孩子智力发育的关键时期，帮助孩子开发智力。那么，如何在孩子诞生之初就给予他正确的教育？这里有几点建议供各位家长参考：

1．做好孕前准备。

要想让孩子拥有优秀的智力，父母在怀孕前就要做好一系列的准备工作。比如，父母双方要在准备怀孕前3个月就要做好孕前检查，确认双方的身体健康，并且要按照医生的建议，养成良好的生活作息和饮食习惯，确保在怀孕前夕，使父母双方的身体素质达到最好的水平。按照卡尔·威特的教育理念，在准备怀孕前3个月，父母双方就应该戒烟戒酒，保持良好的生活习惯和作息习惯，让自己的身心都处于最佳状态，这样才能为即将到来的孩子提供人生中的第一个优质的"生活场所"。

母亲对胎儿来说是至关重要的存在。怀孕前，准妈妈要时刻注意保持心情愉快，并且进行适当的体育锻炼，以确保准妈妈的身体素质达到最佳，为孩子提供一个优良的孕育环境。另外，孕妇的生活环境也是非常重要的，比如，小卡尔的母亲因为受到动物体内的细菌的影响，导致小卡尔先天不足，这让他的父母非常痛苦。因此在怀孕期间，母亲一定要注意预防细菌感染，最好不要过分亲密地和动物接触。家里的宠物一定要做好健康检查，避免动物身上的细菌给胎儿和母体带来负面影响。

2．怀孕期间必须重视胎教。

卡尔·威特夫妇在孩子出生前所做的准备工作可以理解为我们今天所说的胎教。科学研究表明，大脑细胞分裂增殖主要是在胎儿期完成的。怀孕第2～3个月和第7～8个月尤其重要。如果在这两个大脑发育的高峰期内适当地供给胎儿丰富的营养物质，同时给予胎儿适当的外部刺激，比如语言交流、音乐刺激等，胎儿的脑细胞的分裂便可达到顶峰，这就为孩子的高智商奠定了一定的基础。

　　一般说来，从怀孕5个月开始，父母就可以对胎儿实施定期、定时的声音和触摸刺激，包括播放胎教音乐、进行语言交流和爱抚（如父母用手轻轻抚摩或拍打母亲的肚子等行为）。研究表明，恰当的刺激可以促进胎儿的感觉神经和大脑皮质中枢更快地发育。如果父母能坚持对胎儿进行适当的胎教，那么胎儿会逐渐对相同的声音产生粗浅的记忆，提高孩子的记忆能力。因此多接触这种训练的孩子在出生后听觉就会比没有接受声音刺激的孩子灵敏，记忆力也会更强。再加上出生后注意营养补充和科学的教育，孩子的智力能得到很好的开发。

母亲是孩子最重要的教师

　　卡尔·威特的妻子非常注重自己的衣着打扮，不仅自己衣着得体，也将小卡尔打扮得干净整洁。她认为，一个人的外貌能够显示一个人的精神状态，整洁得体的衣着可以让人精神抖擞。

　　小卡尔的母亲不仅教育孩子着装要整洁得体，还要注重自己的个人卫生。在小卡尔还很小的时候，母亲就教他自己刷牙、洗脸、梳头。虽然小卡尔从小被教育要注意卫生、衣着得体，但是他并没有因此而变得过分注重穿衣打扮，或是变得虚荣和奢靡。因为母亲告诉他，注重仪表是为了保持自尊。

　　小卡尔的母亲为他绘制了一张"品德记录表"，上面有服从、礼仪、勇敢、好学、勤奋等多个评价项目，每当小卡尔完成一项，他就可以得到一颗金色的小星星，如果没有完成，那就会得到一颗黑色的小星星。综合一周的表现，如果金色的小星星多的话，母亲会发给他诸如糖果、书本或者糕点之类的小奖品。当然，小卡尔也可以用做好事来消除那些黑色的小星星，母亲以此来鼓励他的积极性。

　　卡尔·威特讲述过这样一个故事：一对夫妇在他们的孩子出生后想去国外

旅行，于是他们将孩子托付给自己的朋友照顾，但是因为忙碌的朋友根本没有时间照顾孩子，于是孩子就由他的管家代为照顾。

这对夫妇一去国外就是五年，等他们回来时，发现孩子根本不认识他们。孩子的母亲想让孩子跟他一起住，但是孩子根本不愿意。更糟糕的是，母亲发现自己的孩子变得非常粗鲁，成天和一群野孩子混在一起到处玩，打架甚至欺负别的小孩子。这对受过良好教育的母亲来说是不能接受的。母亲想让孩子读书、学习礼仪，但是孩子根本不听从母亲的管教，甚至公然和父母顶撞。

当孩子的父母将照顾他长大的保姆辞退后，孩子变得非常沮丧，他变得非常抑郁、难过，对自己的母亲一直没有亲近的感觉，甚至在青春期他离家出走过好多次。

卡尔·威特非常强调在孩子成长的过程中母亲的重要性。他强调从准备怀孕到孩子出生，母亲在每个环节都要做好最充分的准备。母亲作为直接参与孩子成长过程的最重要的一个人，对孩子的生活习惯、语言、性格等都有最直接、最重要的影响。卡尔·威特非常庆幸自己有一位非常优秀的妻子，正是在他和妻子的共同努力下，小卡尔才能成为一个非常优秀的人。在现实生活中，母亲对孩子的影响也是不容忽视的。

有一天妈妈给正在玩耍的孩子们拿来一盘苹果，红彤彤的苹果有大有小。孩子们都争着要最大的苹果。妈妈举着那个最大最红的苹果，对孩子们说："这个苹果最大、最红、最好吃，谁都想得到它。现在，让我们进行一场比赛，我把门前的草坪分成三块，你们三人一人一块，负责拔除草坪里所有的杂草，谁能够最快完成任务，而且完成得最好，谁就能得到这个苹果！"

三个孩子一起比赛除草，结果，有个男孩赢了比赛，得到了最大的苹果。后来这个赢得比赛的孩子成为一名著名的企业家。在一次采访中他这样说道："我非常感谢母亲，是她教会我最简单也是最重要的道理：只有努力争做第一，才能得到最好的。从小在我的家里，如果我们想要什么好东西都要通过比赛来赢得。任何东西都要用自己的努力作为代价来换取，这很公平。"

案例中的母亲教给孩子非常重要的一个道理：付出才有收获。正是得益于这位母亲的教育，孩子长大了才能取得成就。美国一家教育机构研究发现，母亲决定着孩子90%以上的素质。这表明，不同的妈妈可以铸就孩子不同的人生。孩子在童年时期的可塑性非常强，包括他们的性格、习惯、修养，都会逐渐成形，而妈妈的影响是任何人都代替不了的。妈妈勤俭节约，孩子就不会铺张浪费；妈妈坚强勇敢，孩子就不会胆小懦弱；妈妈尊老爱幼，孩子就不会骄奢蛮横；妈妈努力工作，孩子就不会不思进取……简言之，妈妈的行为比任何言语对孩子都有影响力。因此，在教育孩子的过程中，妈妈要注意以下几点：

1．妈妈要特别注重自己的一言一行对孩子的影响。

首先，妈妈要注意言辞，与他人进行沟通时语气要平和，要有礼貌。其次，妈妈要注意自己处事的方法，妈妈的每一个行动都会被孩子看在眼里并加以模仿。所以，妈妈待人要谦逊友善，遇事要信守承诺；在工作中，妈妈要兢兢业业，热爱自己的工作。这样一来，这些美德自然也会反映到孩子的身上。

2．妈妈要教孩子学会感恩，并且将自己的感恩之心化为行动。

感恩不能只是花言巧语，而应该付出实际行动。妈妈可以让孩子从最细微处着手，培养孩子感恩的好品质。比如，帮助劳累了一天的妈妈洗洗碗，给辛苦了一天的爸爸揉揉肩等，一些孩子力所能及的事情妈妈都可以交给孩子去做。这样不仅可以让孩子在劳动中体会妈妈的艰辛，还教会了孩子如何用实际行动去表达感恩之情。

3．妈妈要鼓励孩子拿出自己的爱心，去帮助那些正在逆境中挣扎的人。

教育孩子多帮助他人，做个有爱心的孩子，这样做不但能让身处逆境的人看到希望，也对孩子的身心发展有益。而且，妈妈还要告诉孩子，当他做好事的时候，记得要把这种精神传递给被帮助的人，让他们体会到社会的温暖，然后帮助其他有困难的人，回报社会，让这份温暖传递下去。

4．母亲要成为孩子的偶像。

我们都知道偶像的力量是很强大的，士兵们之所以愿意冲锋陷阵，是因为他们崇拜自己的将军。一位优秀的母亲，会受到孩子强烈的崇拜，进而成为孩子成长过程中的偶像，使孩子成为优秀的人。一个优秀的母亲对孩子的成长具有不可替代的重要作用，正如卡尔·威特所说，优秀的母亲才能教育出优秀的孩子。

要想成为孩子的偶像，母亲的身上要有闪光点，孩子崇拜母亲，是因为他们发现母亲的身上有闪光点，而这些闪光点足够点亮孩子的人生之路，让孩子一步一步走向成功。而母亲身上的闪光点无疑能够提高自己在孩子心目中的形象，建立自己的威信，如果母亲身上的闪光点正是孩子所渴望的，那么孩子就会把母亲当作心目中的偶像，对于父母的管教也会心服口服。

另外，幼儿时期的孩子对母亲的依赖超过任何人。从根本上说，这种依恋是人的精神赖以存在的基础，也是人获得各种生存的能力的根基。正是通过爱、依恋到心理支持、信任的过程，孩子才能健康成长，成为一个精神健康、性格独立的人。

孩子是否成功取决于教育

卡尔·威特教育他的孩子小卡尔的经历说明了一个道理：通过科学、合理的教育，一个在别人眼里智力有问题的孩子依然可以取得了不起的成就。

由于第一个孩子的夭折，卡尔·威特夫妇对第二个孩子的到来十分在意。为了表达对孩子的疼爱，卡尔·威特还给孩子取了和自己一模一样的名字。夫妻俩一边期望自己的孩子聪明健康，一边又禁不住忐忑不安，他们常常问自己："这个孩子真的会很聪明、很健康，是个天才吗？"

然而不幸的是，卡尔·威特的第二个孩子刚出生时呼吸急促、四肢抽搐，明显先天不足。随着孩子的成长，卡尔·威特发现孩子的反应比同龄的孩子迟缓，有人甚至断定这个孩子有些痴呆。这让卡尔·威特非常伤心，但是他并没有放弃小卡尔，而是制订了周密的教育计划，用自己科学的教育方法对小卡尔进行教育。

他的想法却并没有得到外界的认同。在当时的一个探讨教育问题的学会上，有位牧师就认为，一个孩子成才的关键在于天赋而不是教育。卡尔·威特立即提出相反的意见，认为只要教育得当，即使天资不佳的孩子一样可以取得非凡的成就。但是几乎所有人都认同前者的观点。卡尔·威特决定用事实来证明自己的观点是正确的。

　　尽管婴儿时期的小卡尔反应迟钝，并不具备一个天才儿童的特点，但是在父亲的教育下，情况逐渐出现了变化。在小卡尔四岁多的时候，他比同龄的孩子更健康、反应更迅速。在他八岁的时候，小卡尔已经熟练掌握了德语、意大利语、法语、拉丁语、希腊语和英语等六种语言，并且通晓化学、动物性、物理学、数学、植物学。九岁时他考入莱比锡大学，十岁时又进入哥廷根大学，十三岁时出版了《三角术》一书，年仅十四岁的他获得了哲学博士的学位。

　　从这些非凡的成就来看，卡尔绝对属于我们今天所说的"天才"。但是这个天才在刚出生时被人们视为智障。由此可见，正确的教育对孩子的成长具有多么重大的影响。

　　娟娟和乐乐是一对表姐妹。乐乐的妈妈从小比较重视孩子的教育问题，乐乐从小喜欢画画，乐感也不错，于是妈妈就给她在少年宫报了兴趣班，每周的课程也不多，乐乐非常喜欢，因此并没有觉得疲惫，学得兴趣盎然。

　　娟娟的妈妈觉得小孩子学那么多的东西没有用，而且也是给孩子增加不必要的负担。工作繁忙的她索性直接将孩子放在乡下的爷爷奶奶家，直到上学的时候才接回来。

　　两个孩子成为小学生后，六一儿童节的时候，学校要求以班级为单位表演节目。多才多艺的乐乐会弹钢琴，古筝也弹得不错，很快她就被老师选中，代表班级表演节目。娟娟由于没有任何文艺基础，连班级集体舞表演都没能参与，这让她感到非常沮丧。

　　乐乐平时就是一个比较开朗活泼的孩子，因为多才多艺，平时经常受到很多老师和家长的夸奖和鼓励，所以变得更加自信。娟娟也开始意识到这种差距，尤其在家里听到亲戚朋友们都在夸这个小表姐的时候，娟娟的心里更加不是滋味，嫉妒和自卑悄然出现在她幼小的心灵里。

　　案例中的两个孩子接受了不同的教育，乐乐培养了多种兴趣爱好，在学校里参加各种文艺活动，受到老师和同学的赞扬，人也变得更加自信和开朗。而娟娟的家长并没有重视孩子兴趣特长方面的培养，因此娟娟在学校没什么突出的表现，自信心也受到了影响，还产生嫉妒心和自卑感。这对孩子的成长是非常不利的。

有人将孩子比作一张白纸，家长和老师在上面画了什么，孩子就会变成什么。每个孩子的大脑都是一座宝藏，但是如果家长不对这座宝藏进行开发，那么这座宝藏就会永远沉睡。开启孩子智力宝藏的钥匙就是教育。

很多父母面对孩子糟糕的成绩，总是苦恼地说："我的孩子好笨啊，怎么学都学不好。"父母千万别这么说自己的孩子，笨鸟还知道先飞呢。智力的高低不是孩子的问题，父母没有对孩子进行良好的教育，才是孩子蠢笨的根源。

薇薇慢腾腾地吃着早饭，眼看就要迟到了，可她一点儿也不着急。妈妈问她："薇薇，今天不用上学吗？"

"妈妈，我是不是很笨？"薇薇答非所问，皱着眉头看向妈妈。

妈妈笑着说："你很聪明，一点儿也不笨。你为什么会这么问？"

薇薇说："我最近的学习成绩越来越差，我根本就学不好。"

妈妈说："你要相信自己，一定可以学好的。"

"是吗？可是，很多知识我都学不会。"

妈妈笑道："你知道吗，爱因斯坦也有学不懂的知识，爱迪生小学时就被学校开除了，可是最后他还是取得了很高的成就。"

薇薇苦恼地说："可是我还是很担心，今天老师又要讲新的知识了，但之前学的我都还没有掌握好。我真是太笨了。"

妈妈不同意薇薇的结论，大声说："不，你很聪明，你得对自己说，我能学好，肯定能！"

"这样就行了吗？告诉自己'我能学好'，我就真的能学好吗？"薇薇惊奇地问妈妈。

妈妈点了点头，说："没有尝试过，你怎么知道学不好呢？不信就试一试吧。"

薇薇用力地点了点头。

俗话说，金无足赤，人无完人。即使在长大后取得了非常大成就的成功人士也会有各种缺点。教育的目的在于帮助人们纠正自身的缺点，帮助人们向着更加完美的方向发展。父母不要早早地为孩子贴上"笨"的标签，当孩子有这样的疑惑和不自信情绪时，要及时帮助孩子处理消极情绪，对孩子进行正面的引导。因为孩子的品德和性格很大程度上取决于他在幼年时期接受的教育，同样，孩子能否成功也和他是否接受过正确的教育及所接受的教育的品质有着直接的关系。因此作为家长，一定不能忽略孩子的教育问题。这里有几点建议供各位家长参考：

1. 家长对孩子的教育是从孩子一出生就开始的。

从小卡尔所取得的成就来看，卡尔·威特对小卡尔的教育无疑是非常成功的。卡尔·威特的教育经验告诉我们，对孩子的不仅要进行教育，而且要用科学、正确的方法尽早对孩子进行教育。有的人认为教育是学校的任务，当孩子进入学校后才算真正开始"受教育"。这种观念无疑是错误的。孩子一出生，就开始了学习的过程，家长对孩子的教育也从此刻开始。

2. 教育不仅仅是学习书本上的知识，家长要帮助孩子全面发展。

对孩子的教育并不是单纯地教孩子学习书本上的知识，还包括教孩子进行体育锻炼，让孩子拥有健康的体魄，教孩子各种做人的道理，让孩子拥有善良、勤奋、勇敢等优秀品质，成为一个人格健全、积极向上的人。

家长还要教孩子掌握学习方法，引导孩子做会学习的人。古话说"授人以鱼不如授人以渔"，提高孩子的学习能力可以开发孩子的智力，帮助孩子进步。所以家长要对孩子进行正确的引导，培养孩子的学习兴趣和学习能力，让孩子成为一个会学习的人。

3. 游戏是最佳的教育方法之一。

卡尔·威特非常重视游戏在教育孩子的过程中的重要作用。玩耍是孩子的天性，正是在游戏中孩子的身体机能得到锻炼，孩子的智力也得到开发，所以家长应该好好利用和孩子玩游戏的机会，开发孩子的智力，帮助孩子取得成功。

对孩子的教育要尽早开始

卡尔·威特非常赞同"幼儿是成人之母"的观点。他认为一个人的幼儿时期对一个人的成长起着决定性的作用。一个人所取得的成就和具备的道德品质都和幼儿时期所接受的教育有重要的联系，因此卡尔·威特主张对孩子的教育越早开始越好。

卡尔·威特对小卡尔的教育也是如此。作为一个出生时被当作智障的孩子，小卡尔却取得了令人瞩目的成就，这无疑与卡尔·威特的正确教育有着直接关系。卡尔·威特为小卡尔制订了从出生到每个成长阶段的教育计划，并且按照自己的计划严格执行。后来，当初那个智力低下的婴儿成为所有人眼中的神童。与此形成对比的是英国一位伯爵和他的儿子的故事。

伯爵夫妇带着孩子在海上航行时，他们的船被打翻，伯爵夫妇带着他们的儿子历经艰难漂流到一个荒芜的海岛上。因为疾病和缺乏食物，伯爵夫妇很快就相继去世了。他们奄奄一息的儿子被岛上的一群大猩猩发现，从此，这个几个月大的婴儿和一群猩猩形影不离。

直到二十多年后，一艘船经过这个海岛，船员们发现了这个跟着猩猩长大的年轻人，但是他被解救后已经不能融入人类生活中。他已经不能再学会说话，也无法按照人类的习惯进餐。虽然给他穿上衣服，但是他依然不喜欢直立行走，而是像猩猩一样在地上爬行。更重要的是，尽管人们尽了最大的努力，但是依然无法教会他开口说话。他表达情绪的方式依旧是像猩猩一样吼叫。因为他已经错过学习说话的最佳年龄，所以永远地丧失了学习说话的能力。

从小卡尔和伯爵儿子的事例中，我们可以看到教育讲究时机，一旦错过了学习的机会，有的能力就永远也不能获得。对孩子的教育开始得越早，对孩子的智力开发越有帮助。

当年小卡尔出生后，很多人都断定小卡尔是一个智力有缺陷的孩子。但是卡尔·威特并没有放弃，从小卡尔一出生，他就运用科学的教育方法进行培养，最终将儿子培养成为非常优秀的人。事实上，卡尔·威特对孩子的教育是从孩子还没有出生的时候就开始的，小卡尔降生后他更是为孩子倾注了全部的心血。小卡尔也没有辜负父亲的付出和期望。由此我们可以看出，早教对孩子智力的影响是多么深远。

赵晶旌被称为我国最年轻的大学老师。她的故事也是经典的早教案例之一。她10个月会说话，1岁开始识字，2岁时就已经认识超过3000个汉字。从3岁起她开始涉猎古典文学等各种名著。年仅4岁半的赵晶旌上小学后连跳两级，八岁时就已经进入初中，升入高中后她又获得英语奥林匹克竞赛全国第三名。1998年暑期参加全国统一高考，年仅15岁的她因为成绩优异被吉林大学经贸英语系录取。19岁时，赵晶旌毕业留校，任英语教师，同时又兼任长春市电视台英语栏目翻译、新东方英语学校长春分校写作教师等职务。她的成就完全离不开她所接受的早期教育。

同样的早教成功案例还有刘俊杰。他1岁3个月开始认字，4岁时识字近3000个，8岁时上初中，12岁时参加高考，经过全国统考和学校的面试、复试后，刘俊杰被华中理工大学光电学系录取，成为这所大学里年龄最小的大学生。本科只读了3年，刘俊杰就跳级毕业，15岁时被清华大学现代应用物理系录取，成为硕士研究生。18岁时刘俊杰硕士毕业，收到包括哈佛大学在内的数十所世界著名学府的录取通知书。后来他选择了美国斯坦福大学，师从诺贝尔奖获得者华裔物理学家朱棣文教授。2005年，24岁的他成为美国麻省理工学院的博士后。

上述两个案例也是我国早教成功的典范。这些优秀的人才早早地取得了大多数人努力几十年才能取得的成就，除了他们本身的天赋高，更重要的是他们都从小接受了非常科学的早教，这对开发智力有非常大的帮助，也让他们能够提前取得过人的成就。

教育的目的是为了充分发掘孩子的潜力，让孩子的智力能够得到充分的开发。卡尔·威特认为，其实每个人都能有非凡的成就，只要人们能充分开发大脑的潜力。但遗憾的是，生活中的天才少之又少，是因为人在幼年时期所接受的教育并没有做到将智力完全开发出来。卡尔·威特的"天才塑造法"的秘诀就是尽早地实施教育，对孩子的智力尽早进行开发，让孩子充分利用自己的智力宝藏，从而取得非凡的成就。

关于孩子的潜能开发，卡尔·威特有个著名的理论，叫作潜能递减法则。他认为孩子的潜力虽然巨大，但是如果没有得到及时、正确的教育，那些优秀的潜能就只能永远沉睡在大脑里。如果说每个孩子从刚出生起就对其进行智力开发，那么他就可以发挥出100%的才能；如果等到3岁的时候再开始智力开发，那么孩子能发挥出80%的才能；如果等到10岁的时候才进行智力开发，那么孩子就只能发挥出50%甚至更少的才能了。这是因为每个孩子都有一个成长的过程，在这个过程中，不同的年龄阶段，孩子就会有不同的思维和行为方式。这就意味着如果父母想要取得最佳的教育效果，就要针对孩子各个年龄段的特点与行为，采取不同的教育方法。生活中，父母是否总是用一成不变的眼光看孩子？其实孩子成长得很快，所以教育的方法也应该因时、因人而异，有所改变。父母要知道，孩子是一步一步成长起来的。

我们常说"三岁看大"，这种说法并不是没有科学依据的，根据卡尔·威特的观点，我们甚至可以说"三岁看老"。因为卡尔·威特认为人在三岁之前接受的教育对人的一生具有决定性的意义。研究发现，3岁之前是一个人大脑发育的重要时期。0到1岁是人的大脑飞速发育的时期，1岁的婴儿其大脑重量就已经接近成人大脑重量的60%；到3岁时，幼儿的大脑重量已经和成人的大脑重量相差无几；3岁之后大脑的发育速度就会变慢。0到3岁，也是各项身体机能开始飞速发展的时期，语言能力、动手能力、身体机能的协调能力都在这一段重要时期内发生重要变化。在这个时期，孩子的心理也在发生重大变化。3岁之前所经历的事情对一个人有着非常重要的影响力，因此0到3岁也是孩子性格形成和能力培养的关键期。因此在这个时期，父母要给孩子科学、正确的教育，帮助孩子开发智力，塑造性格。

感官训练是开启孩子智力的第一步

瑞士儿童心理学家及教育学家皮亚杰说："智慧的根源，来自幼儿期的感觉及运动发展。"在卡尔·威特的教育理念中，对孩子的感官训练也是开发孩子智力的重要方式。

小卡尔的母亲拥有非常好的嗓音，从小卡尔出生后，她就每天为孩子唱歌。渐渐地，卡尔·威特发现孩子对声音变得敏感起来。每当听到歌声，小卡尔会寻找声源，并且随着歌声的变化也会出现相应的动作和表情的变化。卡尔·威特不会唱歌，但是他会给小卡尔读诗，随着父亲抑扬顿挫的声音，小卡尔也会咿咿呀呀地出声附和，挥舞着小拳头表达自己的情绪。卡尔·威特为孩子读诗的功夫并没有白费，小卡尔一岁的时候就已经能够背好几首长诗了。

为了培养小卡尔对颜色的感觉，卡尔·威特在房间里准备了各种颜色的物品，例如在屋子里挂满彩色的气球，并且将每种物品的名称和它们的颜色重复念给小卡尔听。在平时带小卡尔去散步的时候，卡尔·威特不断地告诉孩子天空、湖水、草地的颜色，用这种方式提高孩子对颜色的敏感程度。

教育瑞典教育家爱伦·凯说："环境对一个人的成长起着非常重要的作用，良好的环境是孩子形成正确思想和优秀人格的基础。"对孩子而言，成长环境无疑对孩子的未来有着潜移默化的作用。孩子成长的环境不是一成不变的，当成长环境变了，教育方法也应该与时俱进，这样才能跟得上孩子成长的步伐。然而，今天很多父母对孩子的成长环境认识不足，家庭教育没有紧跟环境的变化，使孩子无法获得良好的家庭教育，具体表现在越来越多的孩子观察力不足，无法适应新环境。而孩子的观察力同样需要家长的努力与培养才能获得和提高。

在观察能力的培养方面，卡尔·威特经常通过考察孩子记忆力的方式来提高孩子的观察能力。比如，他带孩子路过商店时，会让孩子用眼睛观察商店橱窗里都有哪些商品，过几分钟后或者下次再路过商店时，卡尔·威特就会问孩子橱窗里都有什么。后来，卡尔·威特又用这种方式来教孩子读书，小卡尔过目不忘的本领正是得益于小时候父亲对他的训练。

小卡尔一出生，卡尔·威特就非常重视对小卡尔进行感官训练。他的妻子给孩子唱歌，他为孩子读诗，用房间里色彩斑斓的物品刺激孩子的视觉，培养孩子对颜色的敏感度，锻炼孩子的记忆力。对孩子的感官训练，卡尔·威特是从生活中的一点一滴做起的。

一个人的成长与他所处的环境和后天所受的教育是分不开的。同时，环境和教育之间也是息息相关的，在努力为孩子营造良好的成长环境的同时，很多父母却忽视了环境变化对孩子的影响。如果环境改变了，教育仍在原地踏步，那无疑会影响孩子的智力开发与快乐成长。

有位妈妈发现，随着儿子年龄的增长，他变得不像从前那样听话，也没有以前那么聪明了。孩子开始喜欢哭闹，突然之间变得十分"难缠"。原本一直聪明伶俐的孩子在刚上幼儿园的时候突然变得脾气暴躁，在和小朋友做游戏的时候，他有时候会显得十分拘谨，但有的时候又毛手毛脚，连最简单的拼图游戏也做不好。据老师反映，孩子经常有上课注意力不集中的表现，手里总是不知道在翻动些什么，有时候主动跟旁边的小朋友说话，好几次老师都忍不住批评他。但是家长和老师的批评并没有什么作用。有一次妈妈在书上读到有一种疾病叫多动症，看着孩子的表现妈妈就忍不住"对号入座"，最后甚至带着孩子去医院专门诊断了一次。医生说孩子有多动症的表现，还给开了口服的药和针剂，嘱咐家长平时也要和孩子做一些专门针对多动症的训练，比如训练孩子集中注意力等。但是几番折腾下来，孩子的情绪并没有明显好转。又气又急的妈妈也开始变得暴躁起来，甚至对孩子动了手。被惩罚的孩子非但没有改变，反而变本加厉，变得更加不听话。

案例中孩子的情况在很多孩子的身上都有体现，只是程度不同。很多家长面对这种情况，会以为是孩子故意闹别扭，然后随着时间的推移，会联想到孩子可能得了类似多动症等疾病，求医问药却毫无疗效。由于孩子的情绪影响，家长也会变得暴躁易怒，对孩子的态度也变得恶劣起来。孩子由于内心的需求没有得到重视和满足，在情绪上的表现就越发激烈。

从婴儿出生起，他的大脑就在与外界环境不断接触中得以发育。而眼、耳、鼻、舌、皮肤等感觉器官是人与外界环境接触的"窗口"，因此要及时打开孩子接触世界的窗口。人生早期的学习和丰富的环境刺激，可以促进脑细胞复杂功能的形成。人的感官发育程度决定着孩子大脑、神经系统及各个感官互动、协调的程度。孩子的大脑功能分化及神经系统正是在各种感觉的学习中得到发展。因此，要促进孩子智力的发展，就要对孩子进行必要的感官训练。对孩子的感官训练不仅是知觉的基础，也是思维能力发展的基础，更是孩子智力发展的源泉。

这里有几点建议供各位家长参考：

1. 不要错过训练孩子感官的最佳时机。

根据卡尔·威特的教育观念，对孩子进行感觉训练的关键时期是0到3岁这个阶段。在这个时期内，孩子的视觉、听觉、触觉、嗅觉、味觉发展得非常迅速，因此家长要重视孩子的感觉培养，对孩子的各个感觉器官给予及时正确的刺激，帮助孩子培养协调灵敏的感觉系统，让孩子的感官得到充分的锻炼，进而达到开发孩子智力的目的。

2. 家长要明白欲速则不达。

在训练孩子的感官时，一定要有耐心，不可操之过急，也不可以过分地干预孩子，应当让孩子在重复和多次的训练中，逐步提高自己的感知力。另外家长也要尽可能地参与对孩子进行的训练和游戏，在互动中帮助孩子，让孩子的感觉器官更加灵活和协调。例如和孩子一起做投篮游戏、一起清洗孩子的玩具，等等，帮助孩子充分锻炼各个感觉器官，使孩子的感觉统合更加协调。

锻炼孩子从摇篮时期开始

卡尔·威特的儿子小卡尔在刚出生时被认为先天不足，他的健康状况也受到质疑。然而，当小卡尔逐渐长大时，所有人又开始为他健壮的身体感到惊讶，甚至觉得他健康得不像是个"天才"。这一切都得益于小卡尔的父亲从摇篮时期开始就对小卡尔进行的锻炼。

卡尔·威特并没有像大多数父母一样，将小卡尔裹在襁褓里让他动都不能动，而是从孩子出生后就帮助孩子活动手脚，经常拉伸小卡尔的小胳膊，活动活动小卡尔的腿。卡尔·威特还非常注重小卡尔的服饰，从来都不会给孩子穿非常紧身或者窄小的衣服，好让孩子有自由活动的空间。有一次卡尔·威特和妻子一起出门，将小卡尔托付给家里的女佣照顾。当他们回家时，在门口就听到小卡尔的哭声。进门后发现小卡尔被穿戴得整整齐齐，裹在襁褓里，躺在婴儿床上大声哭泣。卡尔·威特立即非常严肃地批评了女佣。

"你怎么能这样呢！你不知道他平时最讨厌被绑住手脚吗？这样让孩

子怎么自由活动，又如何能锻炼孩子的身体呢？"

"对不起，先生。我觉得现在有风，这样会让孩子暖和一点儿。"女佣低着头小心翼翼地说。

当卡尔·威特将小卡尔的手脚从束缚中释放出来时，小卡尔立刻安静了。小卡尔像往常一样扶着床边挪动自己的身躯，不断尝试着借助护栏站起来。这样的锻炼让他比同龄孩子更早地学会了行走。

卡尔·威特非常赞同教孩子游泳。刚出生的孩子对游泳这项运动并不陌生，大人不应该让孩子逐渐遗忘了这个运动特长。卡尔·威特一直让孩子保持着游泳这个良好的习惯，这也是小卡尔虽然年纪不大但浑身肌肉非常结实的原因之一。

自从小卡尔学会走路，卡尔·威特每天都会带着孩子去散步，每次至少1个小时。小卡尔的四肢协调能力和行动能力都得到非常明显的提高。

随着小卡尔年龄的增长和活动能力的提高，小卡尔对体育的爱好更为广泛，所学习的内容也越来越多。得益于这些体育锻炼带给小卡尔的强健体魄，他有更多的精力学习知识，体能锻炼对他的智力发展也具有一定的作用。

卡尔·威特对小卡尔在身体方面的限制尽可能地减少，给孩子充分的活动空间，保证孩子的四肢得到锻炼。卡尔·威特非常重视孩子的运动能力，让孩子拥有可以拥有强健的体魄。他认为只有这样，孩子才有充沛的精力去学习更多的知识，体育锻炼还可以刺激孩子的大脑发育，让孩子智力得到更好的发展。

俗话说："生命在于运动。"自从形成胚胎以后，人就从未停止过运动。运动可以帮助人体的各个器官更好地发育，也能够促进身体机能的协调性。对刚刚开始成长的孩子来说，运动显得更为重要。

很多人认为，不满周岁的孩子是不需要运动的，于是将孩子紧紧地裹在襁褓中，让孩子失去了锻炼身体的机会。事实上，为了帮助孩子更加健康地成长，家长要从摇篮时期开始就对孩子进行锻炼。孩子从出生后到5岁这几年，是心脏发育第一个高峰，在这个阶段，孩子的心脏发育得特别快，如果在这个重要时期内注意科学的锻炼身体，将对孩子的心脏发育和身体健康具有非常明显的帮助。另外，让孩子从小进行锻炼，孩子的消化吸收功能和呼吸功能都会提高。良好的消化吸收功能能促进孩子对食物营养的消化和吸收，有了足够的营养，才能保障孩子的健康成长；孩子呼吸功能的增强可以让新陈代谢更快，让孩子吸入更多氧气，使其生长发育达到更好的水平。

遥想童年，我们一定可以回忆起许多快乐玩耍的细节：折纸、丢沙包、捉迷藏、摔泥巴，等等。这些都是我们曾经喜爱的游戏，在这些游戏中我们不仅得到了快乐、提高了智慧，还找到了许多伙伴。现在，城市里的孩子们都住在高楼大厦中，家家门户紧闭，更别说让各家的小孩聚到一起玩儿了。物质生活日益丰富的孩子，精神上却越来越孤单，这就需要父母为孩子多创造一些锻炼身体的机会。在孩子还在摇篮期的时候，必要的身体锻炼也是必不可少的。

这里为家长们提供一些让孩子锻炼身体的方法，采用儿歌的形式，让孩子更加易于接受，让家长和孩子在快乐的氛围中锻炼身体。

《花猫做早操》

小花猫，喵喵喵，

每天早上伸伸腰，

左伸伸，

右伸伸，

最后还要扭扭腰。

在温暖的天气里，妈妈可以带着孩子来到阳光明媚的户外做这个游戏。妈妈与孩子面对面站着，妈妈唱儿歌做动作，然后让孩子模仿妈妈的动作，唱儿歌的同时进行身体锻炼。

这个游戏如果妈妈动作表演到位，表现得有趣一些，孩子的注意力会很快被吸引过来。妈妈要用自己的表演让孩子不由自主地模仿妈妈的动作，达到让孩子锻炼的目的。

在游戏开头，妈妈可以模仿小猫可爱的叫声和夸张的动作吸引孩子的注意力，随着儿歌内容的展开，妈妈可以模仿小猫捋胡子的动作，并伸手握住宝宝的小手，示意宝宝跟着模仿动作。注意在做伸懒腰这样的动作时，妈妈要尽量声情并茂，用夸张有趣的动作吸引孩子的注意力。最后在扭腰的时候，还可以突然抱住宝宝的腰，逗孩子跟妈妈一起扭动。

《早早起床做早操》
早上空气真叫好，
我们都来做早操。
伸伸臂，弯弯腰，
踢踢腿，蹦蹦跳，
天天锻炼身体好。

清晨等孩子睡醒后，妈妈可以趁着空气清新，带着孩子外出锻炼身体。这个时候，妈妈就可以用这首儿歌让孩子的锻炼更加具有趣味性。

游戏开始时，妈妈可以根据儿歌内容竖起大拇指，用很快乐的表情称赞早上的空气好，刚刚睡醒的孩子看到妈妈略显夸张的动作和表情就会精神起来。然后妈妈可以跑跑跳跳，用动作来给孩子解释什么是早操，让孩子在模仿妈妈动作的同时，也可以记住一些常用的字、词和句子，锻炼孩子身体的同时，也可以锻炼孩子的语言能力和智力。

最后，妈妈可以举起自己的手臂，做出肌肉十分发达的样子，然后竖起大拇指，让孩子能够认识到，拥有强壮的身体是很棒的事情，让孩子爱上锻炼。

有专家指出，动手能力强的孩子，大脑发育更快，更容易成为一个聪明的人。当孩子能爬行的时候，动手欲望就会慢慢强烈起来，看到什么东西，都想亲手碰一碰、动一动，尤其是吃饭的时候，对食物的好奇和欲望会使孩子想亲自动手拿勺握筷。但父母总担心孩子烫着自己，或是把饭菜洒得到处都是，很难收拾。所以父母在孩子小的时候，一般都不让孩子自己动手吃饭。这样一来，父母总是又哄又劝地喂孩子，会让他对父母产生强烈的依赖心理。其实，父母完全可以想开点儿，不要担心孩子会把饭送到鼻子里，正所谓熟能生巧，如果不让孩子经常练习，何来熟和巧呢？

除此之外，父母还可以从小培养孩子的劳动能力，让孩子在简单的劳动中获得锻炼身体的机会。这样做既能强健身体，又能教育孩子，培养孩子的动手能力。

第二章

健康心理，
需要父母的精心培养

从小培养孩子的心理承受力

小卡尔的学校里也会有一些打架、逃课的孩子，小卡尔对他们的行为感到很不解，但是他看到他们的生活是很轻松的，没有那么多的学习任务，不像自己一样每天要学习纷繁复杂的知识。当他把这种情绪表露给父亲卡尔·威特的时候，父亲告诉他："只有劣等的孩子才会为了逃避失败或者不想付出努力而逃避学习和工作，虽然他们逃避了考试或者逃避了工作，但是实际上他们是用这样的方式来掩饰自己内心的自卑，抨击那些努力学习和工作的人，将这种失败标榜为一种特立独行，给别人营造出一种虚假的自豪感。这都是心理承受力低下的表现。"

卡尔·威特还教育小卡尔，在任何时候都不能走极端，思考问题不能逃避现实，一定要站在现实的基础上来做选择。因此在面对小卡尔时，卡尔·威特从不隐瞒现实，从不让小卡尔逃避现实。

卡尔·威特一直非常注意对小卡尔的心理承受能力的培养。卡尔·威特在对小卡尔的教育中，有一个非常重要的部分就是教育孩子正视现实，不逃避问题，并且能够承认失败、接受失败，他认为只有这样才能养成持之以恒的美好品德。在面对现实、面对失败的过程中，孩子的心理承受能力会随之得到提高。

天天从小就是个乖孩子，但就是太娇气，在生活中禁不起一点儿挫折，很容易灰心丧气。因为这个原因，家里人在他面前说话都得小心翼翼，生怕无意之中伤害他。被家里人百般呵护的天天变得胆小、怯懦，心理承受能力很差。父母很担心，这样的孩子长大后怎么能在社会上独当一面呢？

一个周末，爸爸带着天天来到游乐园玩，天天很高兴。在玩了几个游戏后，爸爸指着"激流勇进"的牌子对天天说："你觉得这个游戏怎么样啊？想不想试试？"天天小声说："我也想玩，可我害怕……"爸爸鼓励他说："男子汉什么都不怕，再说还有老爸我呢！"天天看着手里的两张票，爸爸挑衅似的问道："敢试试吗？"天天把头一仰，说："有什么不敢？走吧！"他们穿上了救生衣，坐上了漂流船，天天不自觉地紧紧闭着眼睛，耳边响起了别人的尖叫声，他的心提到了嗓子眼儿。为了克服自己害怕的心理，天天在心里默念着："我是个男子汉，我要勇敢……"好像过了很长时间，船终于停了，爸爸拍了拍天天的肩膀，天天睁开眼睛，感觉这个游戏似乎并没有自己想的那么可怕，是自己心理承受能力太差了，所以才会那么容易被吓到。天天觉得自己好像一下子长大了不少，爸爸对他竖起了大拇指。

上述案例中，天天是个比较娇气的孩子，心理承受能力也很差，但是在爸爸的鼓励下，天天鼓起勇气克服了内心的恐惧，在游戏中锻炼了自己的心理承受能力，让自己变得更加坚强和勇敢。即使这只是一次小小的游戏，但是对于尝试克服内心恐惧的天天来说，这样的经历意义非凡。

一个人在面对挫折时，能够迅速从消沉或者沮丧中摆脱出来并且恢复平静的心理素质，就是心理承受能力。一个人的心理承受能力对其生活和工作的影响是非常巨大的。任何年龄段的人，在参与社会生活的过程中，都会遭遇各种压力、困难和挫折，甚至是打击。一个心理承受力强的人面对挫折时，能够及时调整自己的心态，用积极的态度战胜困难，从而走向成功。而心理承受力相对较差的人则像故事中的天天一样，容易遭遇挫折，几句批评的话就会让他难以承受。

但是人的心理承受力并不是天生的，必须经过后天的培养、磨炼，吸取教训之后才能变得强大。现今的孩子大多是独生子女，在家里更是受到爸爸妈妈、爷爷奶奶、外公外婆的精心呵护。并且随着社会的进步、经济的发展，孩子们的生活条件更加优越，有的孩子很少受到挫折，因此很有可能形成任性、脆弱、以自我为中心、依赖性强、独立性差的心理弱点，心理承受能力差，这不利于孩子的健康成长和长远发展。这里有几点建议供各位家长参考：

1. 培养孩子的心理承受能力需要从小做起。

父母要想培养孩子良好的心理承受力，就要对孩子从小进行教育和训练，让孩子学会独立做一些事情。父母要敢于对孩子适当放手，让孩子有机会经历困难，只有当孩子遭遇打击之后，孩子的心理承受能力才能得到锻炼。只有经历了挫折，孩子才能学会遇到困难不悲观、不焦虑，才能学会不懦弱、不逃避，才能学会正确减压的方法，并且以乐观的态度面对挫折，积极地想办法战胜困难。

父母要教育孩子自己的事情自己做。这不但可以培养孩子的动手能力，锻炼孩子动作的协调性，促进身体健康，还有利于孩子形成独立、不依赖他人的良好生活态度。教育孩子自己的事情自己做，还可以培养孩子心理承受能力，让他们在做事的过程中，体会父母的辛苦，感受父母对孩子无私的爱，增强对事情的把控能力。

在引导孩子自己的事情自己做时，父母也要注意说话和引导方式的艺术性，既不要对孩子下命令，也不要袒护、妥协。首先，父母要多鼓励孩子做自己想做的事。孩子的喜好和兴趣代表了他对事物关注的程度，如果孩子的想法和意愿有助于他自身的发展和良好性格的养成，父母就应当鼓励孩子去尝试，去探索，不要害怕失败。其次，父母要鼓励孩子做自己能做的事。孩子在成长中遇到的问题如果自己有能力解决，要坚持让孩子自己动手解决，这也是孩子学会自立的必经之路。再次，父母要引导孩子做自己不会做的事。孩子对事物的认知有一个过程，某些事情孩子不会做是很正常的，这时父母不要打击也不要庇护孩子，应该给予孩子积极的引导，教孩子做他原来不会做的事情。

2. 帮助孩子提高心理承受能力，家长责无旁贷。

当然，让孩子经历挫折并不是意味着家长对孩子放任不管，家长的义务就是帮助孩子学会战胜困难，走出困境，让孩子变得成熟和坚强。所以当孩子遇到挫折的时候，父母要给予孩子及时的帮助，通过语言交流、行为指导等方式，帮助孩子克服困难，鼓励孩子坚强、自信地面对问题，让孩子能够不断增强信心。这样孩子的心理承受能力才能慢慢提高。

肯定自我，从父母的信任开始

小卡尔在第一次学习写作的时候，花费了整整一天的时间，才将自己的第一篇作品交给父亲。但是，卡尔·威特发现小卡尔在递上自己的作品时，眼中尽是不安和胆怯。小卡尔不像是给父亲看自己习作的孩子，更是个等待审判的罪犯。孩子的局促不安被细心的父亲看在眼里，卡尔·威特断定这是因为孩子对自己的作品的不自信。不过当他看完孩子的第一篇作品时，卡尔·威特理解孩子为什么要如此不安和害怕了，因为那篇文章实在是太差劲了。不仅文笔不好，还出现了很多错别字。但是，卡尔·威特对小卡尔说："和爸爸第一次写作相比，你已经做得很不错了。"

孩子的反应是非常意外，然后是难以言喻的惊喜。他以为，等待自己的一定是父亲的责骂或者否定。因为小卡尔自己感受到写作过程的困难，对自己的作品很不满意，甚至对自己的能力都开始有所怀疑，认为自己可能不适合写作。但是爸爸的话让小卡尔恢复了自信，同时也对自己的能力进行了肯定。尽管第一篇文章从内容上来看是失败的，但是这丝毫没有影响小卡尔写作的热情，相反，小卡尔更加积极地尝试写作。当小卡尔将自己的第二篇习作交给爸爸的时候，卡尔·威特眼前一亮。

后来，小卡尔的学校要举办写作比赛，小卡尔刚开始非常不自信，他觉得要自己在全校那么多老师和同学的注视下写作文是一件特别可怕、特别难的事，自己的水平根本达不到。一周之后，卡尔·威特收到了小卡尔的班主任的电话，班主任希望卡尔·威特能够说服小卡尔代表班级参加这次比赛。于是，卡尔·威特特意召开了家庭会议，来解决这件事。

卡尔·威特对小卡尔说："首先我们只是给你建议，要不要参加比赛，最终还是由你自己决定。我和你妈妈希望你最好能够参加。因为你本身是一个非常优秀而且充满智慧的孩子，我相信这次比赛也是一个锻炼的机会，对你来说这样的锻炼肯定是有很多好处的。当然，我们并不是要你去拿名次，而是希望你能够在这样的活动中提高自己的能力，同时也能正确认识自己的能力。"

对自己原本还有些不自信的小卡尔，在父母的鼓励下满怀信心，最终决定参加学校的比赛。

尽管小卡尔的第一篇习作非常糟糕，但是卡尔·威特依然用肯定的态度来对待小卡尔，帮助孩子消除了内心的紧张和不安，也让孩子对自己的习作充满信心。卡尔·威特的做法表明了一位家长对孩子的信任，同时也增强了孩子的信心，对孩子的成长是非常有帮助的。

　　这一天，乐乐家里来了不少的客人，妈妈做了一大桌子菜招待客人，开饭前乐乐看到妈妈那么忙，主动来厨房帮忙端菜。忽然，"啪"的一声，乐乐手里端的盘子掉到了地上，盘子碎了，还撒了乐乐一身菜。

　　"你这个孩子，连这点小事都做不好！我这么忙，你还在这里添麻烦。去，一边去！你看看，考试考不好就算了，连一个盘子都端不稳，唉，真不知道你还能干什么。"妈妈一边收拾，一边喋喋不休地数落着乐乐。

　　"妈，我不是故意的，刚才是不小心手滑了。"乐乐委屈地说。

　　"不是故意的，难道你还有理了？行了，不想帮忙就直说。你出去吧，别给我帮倒忙了！"妈妈说。

　　"我是为了帮你减轻一点儿负担。"乐乐说。

　　"哎哟，你快出去吧，别再把我的锅给碰翻了！外面还有一屋子客人等着呢！"妈妈把乐乐往厨房外推。

　　遭到妈妈的拒绝和冷嘲热讽，乐乐心里很难过。妈妈的态度让乐乐感到很失望。坐在房间里，乐乐想："我学习不好，甚至连一盘菜都端不好，这样的我还能干什么啊？我真是好没用！"

　　案例中的乐乐在帮助家长做事的时候反而遭到妈妈的训斥甚至讽刺，这对孩子的内心造成了很大的困扰，甚至是伤害，让孩子对自己的能力和价值都产生了严重的怀疑，这对培养孩子的自信是非常不利的。

　　孩子的自信心的形成离不开父母的鼓励和赏识，指责、挖苦等行为容易触发孩子的自卑心理，让孩子看不到自己的闪光点，甚至觉得自己一无是处。孩子的内心是敏感的，父母的这种不恰当的行为会给孩子造成很大的负面影响，让孩子失去自信，否定自己。因此家长在教育孩子的过程中一定要注意自己的言行，避免挫伤孩子的自信心。这里有几点建议供各位家长参考。

　　1. 让孩子学会肯定自己，家长首先要肯定孩子。

　　天下所有的父母对自己孩子的未来都寄予厚望，希望孩子无论在生活上还是事业上都能取得辉煌的成就，于是，从孩子出生的那一刻起，父母们便开始思考一个重要的问题："如何培养一个优秀的孩子？"一些父母认为教给孩子越多知识，孩子就越优秀，于是他们从孩子牙牙学语开始就给孩子报各种辅导班，然而如果孩子长大之后没有达到他们的心理期望，父母就会倍感失落，伴随着孩子的成长，各种批评指责也会越来越多。

每个父母都"望子成龙""盼女成凤"，可是一旦孩子的表现不如父母预期那样好，这种期望就会被失落代替，父母开始怀疑孩子的能力，看待孩子的眼光也发生了变化，从发掘孩子的优点、特长变成挑剔孩子的缺点、毛病，在各种各样的批评和指责中，孩子果然"原形毕露"，越来越差。爱孩子就要相信孩子，这听起来很简单，做起来却很难。要想让孩子变得优秀，充满自信，父母一定要学会相信和赏识孩子，相信孩子会有一个好的未来。

例如，当孩子在考试中取得了不错的成绩或者较大的进步时，家长一定要对孩子适时地给予鼓励，让孩子觉得自己的努力得到认可，让孩子看到自己的优点，从而让孩子学会肯定自己。如果孩子得到了肯定，在下一次的考试中就会更加努力。当孩子学会了帮助了别人，哪怕孩子做了一件很小的事，家长也要对孩子的行为表示肯定，让孩子意识到自己所做的事是有价值的。这样，孩子的自信就会被逐渐培养起来，孩子乐于和别人分享自己的想法，就不会盲目地自我否定。孩子感觉到父母的爱和肯定，就会觉得自我价值得到提升，逐步树立正确的价值观。

2. 家长要根据孩子的兴趣来培养孩子。

让孩子在兴趣的引导下激发出潜能，在擅长的领域取得成就，找到更多的自信。这样能够更容易让孩子获得成功，对培养孩子的自信心、让孩子看到自己的优势、学会肯定自己具有很大的帮助。

3. 家长可以教给孩子了解自我的方法。

让孩子通过学习来认识自我，进而让孩子学会发现自我、完善自我，最后达到肯定自我。比如，家长可以把自己作为榜样，由己及人，提供一些自我评价和了解的方法给孩子参考，让孩子学习认识自我的方法，帮助孩子培养良好的自我意识。还可以采用自我反省的方式，让孩子树立自我意识，发现自我，逐渐学会肯定自我。

勇气是孩子积极向上的原动力

小卡尔虽然先天不足，但是卡尔·威特夫妇并未因此而在生活上对他给予特殊的照顾，或者帮小卡尔包办一切。比如，他们要求小卡尔在吃饭的时候要自己端盘子，要收拾好自己的玩具和常用物品。正是因为这样的教育，小卡尔从小不得直面自己生活中遇到的每件事，也正因如此，小卡尔才会变成一个勇敢又坚强的小男子汉。

有一次，小卡尔在和同伴玩耍的时候不小心把手割了一道口子。虽然流血的伤口很疼，但是小卡尔一直忍着没有哭。回到家里，清洗并包扎好伤口后，父亲问他疼不疼，小卡尔说："疼，但是我不哭，我不想被他们觉得我是个胆小懦弱的人。"

卡尔·威特非常重视对孩子的性格的培养，尤其是对孩子勇气的培养。卡尔·威特从不对小卡尔过分管教，让孩子失去自己探索世界的权利。卡尔·威特认为家长对孩子的"过分保护"实际上剥夺了孩子锻炼的机会，让孩子因对大人过分依赖而缺乏勇气。

卡尔·威特认为勇气是一个人积极向上的原动力。父母要适当放手，让孩子在探索世界的过程中拥有勇气。

媛媛是一个非常羞涩的女孩，胆子特别小，妈妈发现媛媛只要在公众场合里，总是藏在大人身后，害怕在别人面前说话。

媛媛过生日的时候，亲朋好友们都来给她庆祝。切完蛋糕后，阿姨提议说："小寿星给大家唱一首歌吧？"

听到阿姨突如其来的提议，媛媛手足无措，她愣了一下，小声说："我唱不好，唱不好……"

其实媛媛是一个很擅长唱歌的孩子。这时大家也都将媛媛往外推，"哎呀，媛媛唱一个嘛，唱一个！"

不知所措的媛媛站在大家中间，满脸通红，看起来十分窘迫。几分钟后，媛媛灰溜溜低着头跑进了自己的房间，客厅里的亲朋好友都很尴尬。

妈妈见状连忙打圆场："哎呀，媛媛今天可能感冒了，应该是嗓子痛吧。"

客人走后，妈妈对媛媛说起今天的事，埋怨道："媛媛你怎么胆子这么小？在家里都这样扭扭捏捏的，那你上学的时候怎么办啊？以后怎么和别人交往呢？"

媛媛难为情地低下了头："妈妈，对不起，我不是故意的，可是不知道为什么，我站在别人前面的时候不知道怎样做才合适。"

"你总是这么怕生，什么时候才可以改变呢？"妈妈担忧地说。听完这话，媛媛更难过了。

案例中的媛媛生性胆小，在客人面前表现得比较失态，让妈妈感到尴尬。这是孩子缺乏勇气和信心的表现，对孩子未来的成长和发展是非常不利的。因为不敢展示自己，可能会导致孩子失去一些比较重要的机会，如果孩子缺乏勇气，家长一定要重视。

这里有几点建议供各位家长参考：

1. 对于胆小的孩子，家长要善于抓住机会表扬和鼓励。

父母不应只看到孩子的胆怯，还要看到他的优点，利用孩子的优点慢慢引导孩子，锻炼他的胆量。家长要对孩子勇敢的行为及时进行表扬或予以鼓励，千万不要打击或嘲笑孩子的行为，要保护孩子的自尊心不受伤害，不能让孩子因此对自己的能力产生怀疑甚至否定，以至于因此而放弃努力。

2. 放大父亲的英雄形象，让孩子从父亲身上学到勇敢。

4岁的小女孩阿米莉非常胆小，她怕黑，不敢单独在房间里睡觉，不敢和小区里的其他小朋友一起玩耍，被别人欺负也不敢反抗。

一次，阿米莉的妈妈带她去公园玩。正当她在一块空地上玩遥控汽车时，旁边突然跑过来一个3岁多的小男孩，他一直盯着阿米莉的遥控车看，一副非常好奇的样子。阿米莉看见后，赶快拿起地上的遥控车，向妈妈身边跑去。这时，小男孩好像看出阿米莉比较胆小，就跑过来拦住阿米莉，从她手中抢走了遥控车，阿米莉被吓得号啕大哭。

　　还有一次，妈妈开车接阿米莉回家。到了车库，妈妈打开车门要抱阿米莉下车，阿米莉突然喊道："妈妈，快关上车门，我不下去，那个小哥哥又要来抢我东西了。"

　　阿米莉口中的"小哥哥"其实就是之前经常遇到的那个比她小的男孩。发现阿米莉如此胆小，妈妈有点儿担忧。虽然她很疼爱阿米莉，但她不希望阿米莉永远都是一个胆小、懦弱的小女孩，她想让自己的女儿变得勇敢。

　　后来，有个邻居突然问阿米莉的妈妈："为什么总是你陪着阿米莉，她的父亲呢？"

　　"她的父亲工作很忙，没有时间陪伴她。"阿米莉的妈妈说。

　　"这可不行，"邻居告诉阿米莉的妈妈，"孩子的成长离不开父亲，父亲是孩子心中的大英雄。只有从父亲的身上，他们才能学会勇敢。"

　　阿米莉的妈妈恍然大悟，从那以后，她经常要求阿米莉的爸爸适当减少工作的时间来陪伴阿米莉，并且要求他向阿米莉展示爸爸的勇敢。阿米莉的爸爸采纳了妈妈的建议，陪在阿米莉身边的时间逐渐增多了。

　　半年的时间过去了，阿米莉果然改变了很多，她不再害怕见到"欺负"她的"小哥哥"，还学着爸爸的样子大声对"欺负"她的"小哥哥"说"不"，变得越来越勇敢了。

　　研究发现，缺乏父爱的孩子更容易变得懦弱、胆小。在孩子的眼中，父亲是英雄的化身，而对英雄的向往、崇拜是每个孩子都有的心理。如果孩子在成长过程中缺乏父爱，或在家庭中父亲的性格比较懦弱，有可能会影响孩子的性格，让孩子变得自卑和懦弱。所以，父亲尤其要注重对孩子的影响，在生活中父亲要尽量多陪伴孩子，让孩子看到父亲的"英雄形象"，逐渐扩大这种影响力，让孩子的性格发生改变。

　　3. 家长要让孩子学会不逃避现实，勇于面对困难。

　　孩子逃避现实，实际上是欺骗自我，像鸵鸟那样将头埋进沙子里，以为这样就可以免于受伤，但这样做只是自欺欺人、掩耳盗铃，只会让自己变得更加脆弱。所以，家长要避免孩子产生逃避现实的情绪，让孩子正视生活中的困难和挫折，迎难而上，让孩子变得坚强和勇敢。家长可以参考"狮子型育儿法"。"狮子型育儿法"是近几年在韩国十分流行的一种教育理念,其核心是教会孩子勇于面对现实,善于从逆境中寻找解决问题的办法。因为生存环境的险恶,狮子需要从小直面生活中的危险,因此也造就了它们凶猛、顽强的个性。狮群表面上看起来十分和睦,小狮子每天打闹、玩耍,但事实上这种玩闹可以促进了它们的发育,同时能让它们在与群体的交往中学会了各种生存法则。公狮子或者母狮子看到小狮子遇到困难,一般只远观而不干涉,只有在小狮子面临生命危险时才出手相救。

教孩子在困难面前做选择

卡尔·威特一心要将自己的爱子小卡尔培养成为一名天才儿童,因此让小卡尔学习的知识也是非常广泛的。但是,卡尔·威特从不强迫小卡尔去学习某种知识或者某种技能,而是按照小卡尔自己的兴趣,由他自己来决定要学习什么。正是因为卡尔·威特充分给予孩子选择权,孩子对自己所学的每种知识都是很感兴趣的,因此小卡尔的学习态度是非常积极的,他在学习的过程中感受到的不是痛苦,而是学习知识的快乐。

在小卡尔九岁的时候,有一天他突然找到父亲,对他说了这样一段话:"爸爸,我不想再学习语言、数学这些科学知识了,我想去学习武术,我要成为一位威风凛凛的将军。"

"你有没有想过那些将军都是怎么练成的呢?他们可是非常辛苦的,而且都要找非常优秀的老师去教他们。"卡尔·威特并没有急着否定儿子的想法。

"那我就去东方,去日本,去寻找那些伟大的武士。"

"可是儿子,你到那里之后就一定能找到伟大的武士吗?即使找到了,人家一定愿意教你吗?"

小卡尔不说话了。

"其实每个领域都有自己的英雄。你的语言学、数学成绩都那么好,为什么要放弃自己的优势呢？在选择未来的方向时关键是要找到自己的长处，做自己擅长的事。"

就这样，小卡尔明白了什么是真正的英雄，还懂得了应该如何做出正确的选择。

小卡尔和很多孩子一样，在爱做梦的年纪想要成为一名武士。当孩子面临选择时，卡尔·威特并没有对孩子的想法全盘否定，而是帮助孩子分析每种选择的优劣及可行性，让孩子自己分辨哪种选择是最合适的。如何做出正确合理的选择是一个重要的问题，在人生的不同阶段，选择都会直接影响一个人未来的发展方向。因此家长一定要帮助孩子掌握做出选择的能力。

"爸爸，爸爸，周末我们去游乐场玩儿行不行啊？我同学说那里新增加了很多好玩的项目！我想去看看。"6岁的瑞瑞拉着爸爸的手说。

"可是，你周一要考试啊。如果你周末去了游乐场，那么你就没有时间复习了。"爸爸说。

"是啊，好烦！爸爸，我想好好考试，也想去游乐场玩，怎么办啊？"瑞瑞为难地说。

爸爸心平气和地说："对，你肯定不能同时做两件事，那么就只能选择你认为重要的事情，先把这件做好。你说是考试比较重要呢，还是去游乐场比较重要？"

瑞瑞低着头，小声回答："当然是考试重要。"

"对，我也觉得准备考试比较重要。你想想，万一你考得不好，你肯定不开心，爸爸和妈妈也会不高兴。那么以后我们就没心情和你去玩了，这样的话你肯定会更不开心，对吗？"爸爸和瑞瑞商量。

"爸爸说得对！那我还是先好好准备考试，我不想考不好让爸爸妈妈不开心。等我考完了，我们再去游乐场玩吧。"弄清事情的轻重缓急后，瑞瑞顺利地做出了选择。

案例中的孩子面临去游乐场还是留在家里复习功课的选择，爸爸没有强制性地"下达命令"，让孩子一定要选择复习功课，而是给孩子分析每种选择的利弊，让孩子经过比较后自己做出选择。这种方法可以帮助孩子学会选择时要考虑周全，让孩子能够更加理性地做出选择，其效果要比家长强制安排好得多。关于如何教孩子在困难和问题面前学会选择，这里有几点建议供各位家长参考：

1. 父母应该从自身做起，尊重孩子的想法和决定，给孩子自主选择的机会，引导孩子走自己的路。

在生活中，有许多父母喜欢用家长的权威来压孩子，剥夺孩子表达意见和自主选择的机会，直接为孩子指定了前方的路。如果孩子就某件事表达了自己的看法，父母却以孩子的看法不成熟为借口，将孩子的意见断然否定，这必然对孩子的自信心造成打击。有的父母对孩子的爱好，诸如篮球、吉他、绘画等，经常以业余爱好耽误学习为理由而命令孩子放弃。这样的行为有时候是对孩子发展的一种阻碍。家长应该适当放手，让孩子有机会、有权利自己做出选择。

"儿子，马上就高二了，要分文理科了，你有什么想法？"整天忙事业的爸爸对孩子的人生大事一点都不马虎。

"目前看来，我的文理科成绩都不错，我很难抉择。爸爸，这个选择重要吗？"儿子对文理分科的重要性并不太理解。

"这个选择很重要，能决定你上大学的专业和你后半生的发展的方向。儿子，你说说自己更喜欢什么？"一向很民主的爸爸决定还是听儿子的。

"我更喜欢文科，我喜欢地理和历史，初中时我还自己写了一本三万字的小说呢，我以后想成为作家！"儿子说到自己的喜好兴致勃勃。

"嗯，有自己的想法很好。你们老师给过你这方面的建议吗？"爸爸又问。

"我们班主任也说我文科功底好，经常让我做会议记录，语文老师也夸我作文写得好，经常把我的作文当作范文念给大家欣赏。"儿子很得意地说。

"虎父无犬子啊！儿子好样的！"爸爸笑着说道，"还有三个月的时间，你再仔细考虑一下，无论你选文科还是理科爸爸都支持你，只要你喜欢就好！"

"爸爸，我们班好几个男同学都说他们家里非要他们学理科，说男生学文科没前途。"

"那也不见得。儿子，你长大了，爸爸尊重你的决定，但你要确保你的决定是自己认真考虑过的。爸爸相信你，也支持你！"父子俩都笑了。

有时候一些有主见的孩子常常显得有些偏执而且特立独行，因为他们敢于表现自己有别于他人的一面。所以，父母要注意培养孩子的独特个性，在欣赏并且鼓励孩子的同时，也要对孩子个性中不好的一面及时进行纠正，以免使孩子的性格变得桀骜不驯，对其正常发展造成不利影响。

2．让孩子适当体验"固执"的后果，用经验教训来告诉孩子学会选择的重要性。

因为年龄和阅历的限制，孩子的判断力有限，再加上有的孩子天生比较固执，因此对家中的劝告有时候未必听得进去。这时候，家长再怎么讲道理都是毫无意义的。因此在不涉及人身安全等原则的情况下，如果孩子的行为对他人对自己都没有危险，也不会造成严重的后果，家长不妨让孩子坚持自己的选择，让孩子尝一尝固执为自己带来的不良后果，用经验教训来告诉孩子要为自己的选择付出代价，因此必须学会做出相对合理的选择。

3．家长也要对孩子进行适当的思维方式的训练。

例如，家长可以帮孩子做一些发散性思维、逆向思维等思维方式的训练，这样可以帮助孩子在做出选择时考虑得更加全面一些，将一件事从多个角度和方向进行思考，从而做出更合理的选择，同时也促进孩子的大脑发育，使孩子学会灵活变通。

学会坚持，面对困难迎难而上

在小卡尔还没出世时，卡尔·威特夫妇就已经下决心将他培养成一个有用的人。当然，卡尔·威特并没有为孩子设定明确发展方向。但是卡尔·威特认为，不管将来孩子在哪一个领域发展，都必须有一个清晰的目标，并且能够持之以恒地为之努力奋斗，才能获得成功。因此，小卡尔出生后，卡尔·威特尤其注重培养小卡尔坚持不懈的精神。

一天，妈妈发现还不会爬的小卡尔对一个小狗玩具非常感兴趣，于是妈妈将玩具放在小卡尔的床上，小卡尔伸出手想拿玩具，但是玩具离自己还有一段距离。快要坚持不住的小卡尔准备放弃时，妈妈就在背后轻轻推他，并给他言语上的鼓励。在不懈的努力下，小卡尔的手指终于碰到了玩具。慢慢地，他开始学着爬行。这时候妈妈就将玩具放得更远一些，吸引小卡尔爬过去。卡尔·威特夫妇用这种方式锻炼小卡尔持之以恒的能力，同时对小卡尔的体能也进行了锻炼，让孩子更好地成长，可谓一举两得。

小卡尔后来之所以能够在数学、语言等多个方面取得巨大的成就，很大程度上取决于卡尔·威特对小卡尔从小进行的毅力锻炼。有一次小卡尔遇到一道很难的数学题，他把自己关在房间里思考了很久，依然没有算出结果，卡尔·威特夫妇在外面等得非常焦急。当卡尔·威特走进小卡尔的房间时，看到满头大汗的小卡尔依然在伏案计算。

"你怎么啦，是不舒服吗？"卡尔·威特担心地问。

"不，爸爸，我只是在算这道题。我好像有了一点儿眉目。"小卡尔头也没有抬，继续演算。

"这道题的难度超越了你的知识范围，你思考的时间已经够长了。我觉得你可以先休息一下。"

"不，爸爸，我觉得我快要做出来了。你不是经常对我说，做事要持之以恒吗？"听了小卡尔的话，卡尔·威特没有再说什么，只是悄悄退出去继续等待。

又过了很久，卡尔·威特听到小卡尔非常激动地大叫："爸爸！爸爸！我做出来了！"

卡尔·威特认为，坚持是一个人走向成功的必备素质。因此他非常注重对小卡尔毅力的培养。卡尔·威特这方面的教育非常成功，小卡尔在学习中表现出来的毅力让他最终成为一个博学的人。由此可以看出，持之以恒是一个人在前进道路上不可或缺的品质。

小陈的爸爸对小陈非常担心。自从小陈在外婆家住过一段时间后，在外婆的宠溺下，小陈变得做事拖拉、不认真，毫无责任感。小陈的父母愁坏了，害怕小陈空有智商，却无情商，怕他步入社会后也习惯于做事半途而废。

小陈的爸爸特别喜欢做木工活，每到空闲的时候，他都会找来各种各样的木材，用各种工具在这里敲敲，那里锯锯，没过多久就可以做出几个小笔筒、小桌子来。爸爸早知道小陈很羡慕爸爸的"手艺"，也想亲自动手做些什么东西。现在为了帮助小陈改掉做事半途而废、没有毅力的毛病，爸爸决定让小陈一起动手做木工活儿。

一天，小陈看着正在忙活的爸爸，有些按捺不住急切的心情。"爸爸，我可以试着做个小桌子吗？"看着爸爸兴致勃勃的样子，小陈终于忍不住问道，可爸爸不回答，小陈再一次认真地恳求道，"我保证会认真学，爸爸你就教教我吧。"

"教你倒是可以，但你中途嫌累放弃了怎么办？白白浪费了我的宝贝木材。"爸爸煞有介事地说道。

小陈想了想，信誓旦旦地对爸爸说："我一定好好学，保证完成任务，绝对不会半途而废。"

"真的吗？"爸爸半信半疑。

"我要是说话不算数，就罚我今天不吃饭！"小陈见爸爸不相信，立即又发下重誓。

看着小陈一本正经的样子，爸爸开始教小陈动手做木工活。爸爸递给小陈几块已经准备好的小木板和砂纸，让小陈用砂纸将木板的边缘打磨平整，然后再教小陈组装零件。就这样，小陈用了一整天的时间做成了一个小小的板凳，虽然他忍不住偷了一会儿懒，但最终还是坚持完成了任务。

案例中的孩子起初做事不认真，容易放弃，没有坚持不懈的意识。为了帮助孩子改掉坏毛病，他的爸爸利用孩子的兴趣锻炼孩子的毅力。这种做法显然是比较成功的。

做事善于坚持到底的孩子，他们获得成功的机会往往要比其他孩子多；那些做什么事都半途而废，碰到一点点困难就轻言放弃的孩子，很可能会在人生的道路上遇到更多的艰难险阻。

所以，把孩子培养成为做事坚持到底的人，是家长们不可推卸的责任。如何教孩子学会坚持？这里有几点建议供各位家长参考：

1. 孩子遇到困难，家长要多鼓励，不要急于替孩子解决难题。

在平时的生活中，家长要求孩子做某件事时，应该多给予其支持和鼓励。当孩子遇到一些挫折或难题时，家长不应立即替孩子解决难题，而是应该尽量鼓励孩子再想想其他办法，让孩子多尝试几次。若家长在任何事情上都给予孩子过多的帮助，甚至对孩子的事大包大揽，那么久而久之，孩子就会产生很强的依赖性，遇到任何困难都想找家长解决，而不是自己继续坚持下去。

2. 要注意帮孩子排除干扰，营造良好的成长环境。

很多时候，孩子不能坚持做完某件事，并不是因为他中途遇到了困难，而是受到周围其他事物的干扰，这些干扰使他无法静下心来继续完成任务。

所以，当孩子在做某件事时，家长应注意帮孩子排除干扰，如孩子写作业时，家长应尽量少在孩子身边走动，避免大声说话，不要将电视声音开太大，以免分散孩子的注意力。

3. 引导孩子做事时看重过程而不是结果。

对孩子而言，做一件事的过程要重于其结果，因为在这个过程中，孩子要不断地思考问题、分析问题，要独自面对其中的一些难题，要通过自己的努力去解决这些难题。这一系列过程，正是培养孩子毅力的关键。倘若家长教育孩子重结果而轻过程，那就很难保证孩子不会为完成任务而敷衍或草草了事，甚至找人代劳。

4. 给孩子的任务要适量，难度也要适中。

孩子做事半途而废，有时是因为他接受的任务难度太大或任务量太重，是他力所不能及的。这种情况下，孩子很容易灰心丧气，无法坚持到底。

因此，在培养孩子做事坚持到底的习惯时，家长要适时适量地给孩子布置任务，任务不能太多、太难，否则孩子难以体验到成功的乐趣，更不用说坚持不懈地努力了。

第三章

培养品格，
让孩子从小接受家庭的熏陶

父母以身作则，培养孩子好品德

卡尔·威特认为孩子是父母的一面镜子，有什么样的父母就会有什么样的孩子。如果父亲酗酒，那孩子很有可能过早地学会饮酒；如果父母平时说话口无遮拦，那么孩子也会染上这样的习惯；如果母亲热衷享受生活，爱慕虚荣，那么孩子耳濡目染，也会成为一个爱慕虚荣的人。因此，要想教育好孩子，卡尔·威特首先对家长提出了严格的要求。

卡尔·威特在生活上对自己严格要求，也一直要求小卡尔养成勤劳、勇敢的品质。他教育孩子，一个人在生活中付出多少，就能拥有多少幸福。

卡尔·威特非常重视父母对孩子的影响力。他主张只有优质的父母才能培养出优秀的孩子。这一点和我们现在所说的父母是孩子最好的老师是同样的道理。卡尔·威特认为，父母的行为习惯会对孩子产生直接的影响。要想将孩子培养成为一个优秀的人，父母首先要从自身做起，以身作则，给孩子树立一个学习的榜样。

一天，毛毛和妈妈去商场购物。拥挤的公交车上没有一个空座，过了几站之后，车上的人渐渐少了，毛毛和妈妈终于找到座位坐下了。

当公交车再一次停下来时，上来一位挂着拐杖的老爷爷。司机师傅喊了一声："哪位年轻人少坐一会儿，给老人让个座！"虽然听到了，大多数人还是稳稳地坐在座位上，有人看着窗外，有人低头看手机，有人睡觉，总之没有人让座。

"大爷，您过来坐这儿吧。"这时候毛毛的妈妈站了起来，扶老人坐下。

"谢谢，谢谢你啊。"老人感激地说。

"不客气，这是应该的。"妈妈笑着回答。

过了一会儿，又上来一位抱小孩的年轻妈妈。司机师傅又喊道："谁给抱着孩子的让个座？"这次很多人还是没有任何反应。

"阿姨，您坐我这儿吧！"毛毛直接站起来给那位抱孩子的年轻妈妈让了座。

"谢谢你，小姑娘。"年轻的妈妈笑着道谢。

妈妈看看毛毛，小声说道："毛毛怎么今天知道让座了？平时你不是从来不在意的嘛。"

毛毛把小嘴一噘，佯装生气地说道："有你这样一个好妈妈做榜样，我怎么能不做一个好孩子呢？"

还有这样一个故事：

"妈妈，您不是老对我说要等绿灯亮了才能过马路，不能闯红灯吗？"一天妈妈送小俊去上学，因为快要迟到了，所以骑车带着小俊闯了红灯。

"是啊，可是今天咱们不是出门晚了吗，如果再不抓紧时间就要迟到了，这样你会被罚站的。"妈妈头也没回，着急地说道。

"哦，如果以后时间不够用，我也可以闯红灯。"小俊笑着说。

妈妈一时语塞，意识到自己刚才的做法是不对的，后悔不已。于是妈妈停车后赶紧说："小俊，妈妈向你道歉。"

"为什么啊？"小俊问。

"妈妈闯红灯是不对的，不管是不是真的没有时间了，都应该遵守交通规则，等绿灯亮了再过马路。今天妈妈犯了错，这种行为应该受到批评。妈妈保证以后再也不闯红灯了，就由你来监督妈妈，好不好？"

"好。我会监督你，而且我自己也会做到。"小俊笑着点点头。

在上述的案例中，妈妈为了赶时间闯红灯，当小俊说自己也可以模仿这种行为时，妈妈意识到自己行为的影响力，立即向小俊道歉，并保证不再闯红灯。父母在生活中的一言一行都会影响孩子，因此家长在生活中，尤其是在孩子面前要格外注意自己的言行举止，做孩子合格的老师。

俄国文学家托尔斯泰曾说过："全部教育，或者说千分之九百九十九的教育都归结到榜样上，归结到父母自己生活的端正和完善的举止上。"因此要想让孩子拥有美好的品质，父母首先必须要以身作则，为孩子做好表率。如果家长勤劳，孩子也会变得勤快；如果家长讲文明懂礼貌，孩子在待人接物时也会知礼守礼；如果家长平时能做到诚实守信，孩子耳濡目染，就不会轻易失信于人；如果家长能够做到不乱闯红灯，那么孩子也会意识到遵守交通规则的重要性……父母想要给孩子树立一个好榜样，就必须严格要求自己，提升自己的道德水平。所以，家长对自己的一言一行要格外注意，因为家长的每个举动都可能会对孩子的成长产生重要的影响。尤其是生活中不被家长重视的一些细节，往往更容易被孩子看在眼里、记在心里。例如，父母对爷爷奶奶态度不好，或者随地吐痰，这些行为都会让孩子记住，并有意无意做出相同的举动。长此以往，对孩子的品质培养自然是非常不利的。这里有几点建议供各位家长参考：

1．家长要以身作则。

常言道榜样的力量是无穷的。孩子可以说是父母的一面镜子，孩子的行为其实是对父母行为的折射。家长不管是在思想道德还是行为习惯方面，都必须注意，尤其要做到有错就改、言行一致。比如，有些家长看到孩子迷恋网络游戏，甚至到了废寝忘食的地步。但是当家长责怪孩子时，孩子却说："你也是这样，还不允许我玩吗？"由此可见，为了更好地教育孩子，家长必须首先管好自己，并且以身作则，这样才能在孩子的心中树立权威，让孩子更好地接受家长的管教。家长不能"只许州官放火，不许百姓点灯"，嘴上要求孩子"不可以睡懒觉"，但自己却经常睡到日上三竿。如果家长能够以身作则，那么孩子也会发自内心地尊重家长的权威，对家长的意见就不会抵触。

2．家长要学会承认错误。

人无完人，即使是成年人也难免会犯错误，家长的言行举止难免会有疏漏之处。有时家长刚刚还在教育孩子，但转过身自己却犯了同样的错。这时候家长正确的做法是不要为自己的行为找借口，不要急着为自己辩护，而是要及时、坦诚地向孩子承认错误，并且明确地告诉孩子，不能犯和家长同样的错误，或者请孩子来做监督员，让孩子能够在更加轻松和平等的环境中提高自己的道德水平。

周末，阿力在饭桌上随便吃了几口饭，就急匆匆地跑出去玩了。妈妈看着他的背影，摇摇头说道："瞧这风风火火的样子，就像是做了错事，有人要追在他屁股后面打他似的。"

　　说完，她走进了厨房，准备收拾一下。

　　可刚进厨房，妈妈就呆住了，牛奶瓶子打翻了，牛奶洒了一地。妈妈很生气，阿力跑得那么快肯定是有原因的，原来是做了错事。

　　"看我怎么收拾他！"妈妈怒气冲冲，追了出去。

　　阿力刚和小伙伴们碰头，就被妈妈扯着耳朵拽了回来，感觉很没面子。他噘着嘴，鼓着腮帮子，就是不往厨房走。

　　"怎么做了错事还不敢承认？害怕了吗？"

　　"我又没做错事。"

　　"还敢顶嘴！"妈妈伸手在阿力的屁股上拍了一巴掌，阿力的嘴噘得更高了，眼睛有些酸酸的，他想哭。

　　"这是怎么了？"这时候，爸爸闻声打着哈欠走了过来，"一大清早的，吵什么？"

　　"问你的宝贝儿子，洒了一地牛奶，竟然还不承认。"妈妈指着地上的牛奶和碎瓶子说。

　　"咦？还真摔了啊。"爸爸挠了挠头，不好意思地笑道，"早上，我迷迷糊糊地来厨房拿了点东西吃，感觉碰到了什么东西，因为太困，就没注意。"

　　"原来是这样。"

　　"我根本就没进过厨房！"这时候，阿力才嘀咕了一句。

　　"对不起，是妈妈错怪你了，妈妈向你道歉。"妈妈真诚地对阿力说道。

　　每个人都会犯错，犯了错就要勇于承担责任，更要学会道歉。没有一个家长希望自己的孩子犯了错误不敢承认，然而，很多家长在犯错误时，却碍于家长的权威不愿向孩子道歉，这种做法不仅忽略了孩子的感受，还为他们树立了反面典型。因此，父母在犯了错误时，一定要向孩子道歉。只有这样，才能更好地教育孩子，让孩子拥有好品德。

给孩子讲道理而不是一味宠溺

卡尔·威特的弟弟的孩子，也就是小卡尔的表弟，有一段时间来家里住，小卡尔很不高兴，因为他觉得小表弟分享了父母对自己的爱。于是他就像所有吃醋的小孩子一样，处处针对表弟，和他闹矛盾，可是妈妈似乎总是在他们产生矛盾时"偏袒"表弟。这让小卡尔感到非常苦恼。

妈妈看到这两个孩子的"战争"后并没有急着安慰小卡尔。而是将他们俩叫到一起，对小卡尔说："我知道你是一个好孩子，弟弟是客人，你肯定不会做出伤害他的事。现在，我要你们自己来搞好团结。"在此之后，卡尔·威特发现，小卡尔不再针对表弟，还主动给表弟讲故事，看来小卡尔意识到自己要照顾表弟了。

小卡尔对表弟的这种敌意在很多孩子身上也时常会出现。尤其是自去年开始，我国的二孩政策全面放开后，经常可以在新闻上看到老大对即将到来或者已经到来的老二的敌意，甚至由此造成了不少家庭悲剧。这些案例都说明在生活中给孩子讲明道理而非一味宠溺是多么重要。小卡尔的母亲对小卡尔的教育方式值得家长学习。

很多家长觉得孩子年纪还小，因此总是用哄的方式来教育孩子，加上孩子对家长的说教的不配合，家长很难给孩子讲道理。有的家长认为等孩子长大了，自然就会懂道理，因此选择不给孩子讲道理。其实这种做法不利于孩子身心的健康发展，家长应该给孩子讲道理，让孩子明事理，这样孩子才能变得懂事、成熟。

晨晨虽然刚上小学，但是他的脾气特别大，经常和别人发生争执，在家里还经常因为一些小事和爸爸妈妈发火。

有一天中午，晨晨放学回家看到午饭是面条，就很不开心地说："妈，今天怎么又吃面条呀？昨天就吃面条，今天还吃面条，你不知道我不爱吃这个吗？真是的，今天我不饿，不想吃！"晨晨生气地放下书包，把自己关在房间里。

晨晨的妈妈既要上班又要操持家务，平时很辛苦，但是看到晨晨生气了，不肯吃饭，就跑到晨晨的房门外，对他说："晨晨，不吃饭怎么行啊？你不爱吃面条，妈妈给你做别的，你想吃什么呢？别生气了，妈妈给你做你最爱吃的火腿炒饭好不好？你歇一会儿记得出来吃饭啊。"妈妈说完就去给晨晨做饭了。

等到饭做好了，晨晨才走出房门，心情也好起来，开心地吃起饭来。

这件事发生之后，晨晨变本加厉，经常要求妈妈给他单独做饭，让本来午休时间就不多的妈妈回家也不能好好地休息。

晨晨在家里不仅指使妈妈，和爸爸发脾气也是家常便饭。

一次爸爸正在看一场足球比赛的直播，但是晨晨不愿意，想让爸爸换台，因为晨晨想看的动画片正好同时播出。平时爸爸都会笑呵呵地把遥控器让给晨晨，但这次的比赛非常重要，爸爸不肯把电视让给晨晨。爸爸对晨晨解释道："动画片你可以从网上看，而且随时都能看，但是足球比赛不是每天都有，比赛看直播最有意思。今天就让爸爸看好不好？"晨晨却不听爸爸的话，也不管爸爸愿不愿意，直接抢过遥控器换了台，看起了动画片。

爸爸看到晨晨丝毫不把自己放在眼里，非常生气，大声对晨晨吼道："赶快把遥控器还给我，不是和你说了吗，你这个孩子怎么不听话呢？"晨晨不甘示弱，一点都没有害怕的样子，把遥控器狠狠往地上一摔，转身要回房间。

爸爸看到晨晨这个样子，只好先让他看动画片，自己打开电脑去找视频。爸爸对晨晨的臭脾气也感到非常无奈，但是又不想打他骂他，所以只好迁就孩子。

晨晨不仅在家里非常霸道，在班里也是脾气最坏的学生。老师经常向晨晨的父母反映他在学校隔三岔五和同学吵架，即使做错了事也不向同学道歉，甚至还想动手打人，一点都不懂得体谅别人、谦让同学。

晨晨的父母这时才意识到他们平时对晨晨的宠爱已经把孩子惯坏了。

案例中的晨晨就属于典型的被宠坏的孩子。这样的性格会给他的人际交往造成非常大的困难，造成这种问题的原因在父母，如果父母能够从孩子小时候开始就对他讲道理，让他懂得体谅别人，而不是一味宠溺，晨晨也就不会变得如此自私和跋扈。

常言道"可怜天下父母心"，每位父母都在尽力给孩子最伟大最无私的爱。父母如果对孩子只给予爱，而不跟孩子讲道理，不告诉孩子做人的道理，这种毫无条件的爱反而容易让孩子被宠坏，认为被疼爱和被照顾是理所应当的事。一旦孩子养成这种习惯，他就很难学会在待人接物时考虑别人的感受。这对孩子的成长和人际交往是非常不利的。

为了培养孩子的优秀品质，塑造孩子的健全人格，父母在教育孩子的过程中必须学会给孩子讲道理，不能一味地宠爱孩子。怎样才能让孩子明事理？下面几点建议供家长参考。

1．家长要学会用友善的态度和孩子交流，让家长的道理更容易被孩子接受。

每个人都希望别人能对自己友善，希望自己能与他人平等交流，家长在对孩子进行教育时也应该遵循这一原则。我们所说的"讲道理"并非单纯而枯燥的说教，而是告诉孩子哪些事情该做、该如何做，教育孩子做一个明事理的人。家长如果能够采用平等和蔼的语气，那么孩子会更加认真地倾听。当父母要求孩子做某件事时，家长的态度要温和，而不是采用威胁、强迫的语气。如果孩子一时无法理解和接受家长的要求，甚至和家长发生争执，家长最好先克制自己的情绪，不要立刻对孩子进行责骂甚至惩罚，给双方时间，让彼此都有机会冷静地思考，用合理的方式给孩子讲道理。

2．对孩子提出的各种要求，父母不能一味地迁就。

父母总是担心孩子得到的幸福不够多，怕孩子吃苦受累，于是孩子的一切要求，不管是否合理，父母都会尽可能地满足他，几乎没有原则可讲。当孩子渐渐发现他在家里想怎样就怎样，父母根本不会严格要求自己的时候，他就会把握住父母的这个弱点，提出一个又一个要求，一会儿想要这个，一会儿想要那个，只要不如意，就哭闹起来，甚至满地打滚，直到父母妥协为止。

有时候孩子也会有很多无理的行为，面对这种情况，家长首先应该学会控制好情绪，不要轻易打骂孩子。但是有的家长对孩子非常心疼，只要看到孩子不开心就慌了神，为了让孩子高兴，就尽力满足孩子的一切要求，一味地迁就孩子。家长的这种做法会让孩子变本加厉。因此家长要让孩子意识到自己的错误，用批评的方式来警告孩子，并且给孩子讲明白道理，不能因为害怕孩子不高兴就一味地迁就孩子。只要父母在面对孩子不合理的要求时有技巧地拒绝，难题就会迎刃而解。

诚实守信是孩子最基本的美德

在小卡尔两岁多的时候，一天，卡尔·威特出门办事。家里只有小卡尔和母亲。母亲去别的房间拿东西，回来时发现原本干净的桌子突然变湿了。母亲问小卡尔："是你打翻了水杯吗？"

"妈妈，不是我。"小卡尔一脸无辜地说。妈妈并没有责怪他。卡尔·威特回来后知道了这件事，他问小卡尔："是你打翻了水杯吗？不管怎样我都希望你能说实话。即使我们没有看到事实的真相，但是上帝会看到的。上帝和父母都不喜欢撒谎的孩子。"

小卡尔迟疑了一会儿，终于向父亲承认，水杯是自己打翻的。

小卡尔犯的错几乎是所有孩子在成长过程中都无法避免的问题。如果父母从一开始不帮助孩子纠正撒谎的问题，没有让孩子养成诚实守信的好习惯，会对孩子的成长造成很严重的后果。当卡尔·威特发现小卡尔对父母说谎时，他一再提示小卡尔，最后小卡尔终于承认了自己的错误。在卡尔·威特的正确教育下，小卡尔再也没有犯过类似的错误。

恬恬前几天刚刚答应妈妈每天帮助妈妈扫地，但是她并没有兑现承诺，到了打扫房间的时间，她就想办法推脱，不是说自己有事，就是不想去、没时间。总之，完全不守信用。

为了帮恬恬改掉这个不好的习惯，妈妈想了一个办法。因为恬恬最喜欢看故事书，妈妈就找了一本童话故事书，在睡觉前为恬恬读起了故事："一个严寒的冬夜里，有一个浑身脏兮兮、衣着单薄的小男孩依然在街头卖报纸。此时他手里还有最后一份报纸，如果卖完这份报纸，他就能回到家里和父母团聚了。但是夜这么冷，街上已经看不到几个行人了。这个小男孩在大街上转了很久，才看到一位行色匆匆的先生，于是他赶紧跑了过去，恳求这位先生买他的报纸。可是这位先生却说他没有零钱，不能买报纸。实际上，这只是这位先生的托词，因为他着急回家，没有时间应付这个男孩。小男孩一听，马上说自己去换零钱。这位先生犹豫了一下，觉得这个孩子挺可怜的，于是就抱着做好事的心态，给了他钱。但是这位先生没等男孩找回零钱，就离开了。很快这位先生忘了这件事，直到三天以后，当这位先生再次来到这条街时，这个小男孩看到他后，立刻跑了过来，还把一把零钱塞进了这位先生的手里。原来，那天晚上男孩没有找到这位先生，所以男孩每天都到这个地方来等这位先生，就是为了找回零钱。这位先生知道后非常感动，紧紧拥抱了男孩。从此以后，他每天都要来这里买一份男孩卖的报纸。"

恬恬在听完妈妈讲的故事后，笑着说："妈妈，我觉得这个男孩好傻啊。"

"为什么这么说？"妈妈反问道。

"你看啊，他家里这么穷，自己缺钱，他完全可以拿着这些钱回家啊。总比他卖报纸所得的钱要多吧？他还不如用那些钱给自己买点儿好吃的呢。"恬恬答道。

妈妈一听恬恬这么说，觉得见机会来了，便认真地对恬恬说："因为这个男孩是个诚实守信、遵守承诺的好孩子。既然他答应了要将零钱找给那位先生，那么他就一定尽力做到，这是做人的基本原则。"

"答应别人的事一定要做到吗？"恬恬若有所思地问。

"当然，至少应该尽力去做。就像你答应妈妈每天要打扫房间一样，既然你做出了承诺，就要说到做到。这样你才能成为值得别人信任和重视的人。"

恬恬想了想，突然不好意思地笑了。她对妈妈说："妈妈，我以后会帮你打扫房间的。答应妈妈的事，恬恬一定会努力做到。"

"好！这才是妈妈的好孩子。那我们继续读故事吧。"妈妈笑着说。

案例中的孩子对母亲做出承诺，但是却没有遵守。母亲用讲故事的方式提醒孩子要诚实守信，告诉孩子诚信是做人的基本原则。这种方式对孩子来说非常有效，家长在生活中可以参考和尝试。

诚实守信既是一种责任，也是一种义务，是我们一个人都应该遵循的最起码的道德规范，诚实守信是人在社会上安身立命的根本，能为自己赢得他人的尊重和信赖。从小培养孩子诚信的品质，是每个家长的责任。

要培养孩子诚实守信的品质，这里有几点建议供家长参考：

1．家长应帮助和敦促孩子树立诚实守信的意识。

某媒体曾报道过有关"撒谎作文"的事件，大致是说某小学四年级老师给学生布置了一篇题为《危急时刻》的作文，结果班上40多个学生，有30多个写的是自己如何与人贩子、小偷斗智斗勇。后来，这30多个学生中有26个人承认自己是瞎编的。

孩子不讲诚信，大多是从说谎开始。心理学家研究发现，喜欢说谎的孩子，长大后往往不信任别人，而且十分敏感、多疑。可见诚信是影响孩子一生的品质。所以，作为家长，对孩子进行诚信教育刻不容缓，千万不要让孩子用谎言"装饰"自己的人生。孩子因为年纪比较小，可能比较缺乏责任感，做事难免有些马虎，有时候孩子做出的承诺可能自己也会忘掉。因此，当孩子对别人做出承诺后家长就需要从旁提醒，监督孩子，帮助孩子做到诚实守信。比如，孩子向其他小朋友借了东西，而且答应了归还的时间，家长就应该及时提醒孩子归还，让孩子能够遵守自己的诺言，树立起守信的意识。

2．家长应告诉孩子不要轻易许诺，要三思而后行。

由于孩子的生活阅历比较浅，有时候会轻易向别人许下诺言。针对孩子的这种特性，家长应该在日常生活中教导孩子，不要轻易对别人做出承诺，而且在许诺前最好考虑清楚自己究竟有没有能力兑现，如果不能确定自己是否能够及时兑现诺言，就不要做出承诺。家长要教育孩子做到言必信，行必果，让孩子明白一旦做出了承诺，就要尽力做到。即使有时候不能如期兑现，也要及时向对方说明原因，请求别人的谅解。

不过，有时候孩子说谎、不守承诺，其实并不是心怀恶意，而是害怕被责罚，或为了引起他人的注意。还有一些年龄较小的孩子，他们的道德观还不够成熟，对事物的认知能力有限，所以常常不清楚对与错、真与假的区别，这时就难免出现说谎话或言行不一等行为，父母要对孩子进行耐心的教导。

3．父母为孩子做榜样，对孩子的承诺要及时兑现。

其实在日常生活中，父母经常在无意之中成为孩子的反面典型。父母经常会在口头答应孩子一些事，比如答应孩子周末出去郊游，或者暑假带孩子去旅游。可由于各种原因，父母的诺言却成了"空头支票"，很少兑现。父母的这种行为让孩子忽视了兑现承诺的重要性，这十分不利于孩子树立诚实守信的意识。因此在生活中父母要注意做孩子的榜样，对孩子做出的承诺要及时兑现，如果真的事出有因不能兑现承诺，也要及时对孩子讲明原因，取得孩子的谅解。家长应放下架子，诚恳地向孩子道歉，这样孩子不仅会感觉自己是被尊重的，还会更加信任家长。

良好的教育能够培养孩子的好性格

一天，卡尔·威特从外面回家时，看到小卡尔一个人坐在院子里发呆。一向开朗活泼的小卡尔很少这样。于是卡尔·威特问儿子："你怎么啦？"小卡尔抬起头看了看父亲，又叹了口气低下头继续发呆。

在父亲的再三追问下，小卡尔闷闷不乐地说："我今天遇到卡特尔，他嘲笑我不是个男子汉，说我没有强壮的肌肉。"

其实小卡尔的身体很健康，虽然没有非常精壮的肌肉，但是这并不是衡量一个人是不是男子汉的标准。卡尔·威特对小卡尔说："肌肉的多少并不是评判一个人是不是男子汉的标准。你年纪还小，却懂得了很多的道理和知识，这也是一个男子汉必备的因素。而且，作为一个男子汉，不应该被别人的一句话影响自己的想法。"

听了父亲的话，小卡尔高兴起来了。

孩子总是容易被别人的一句话或者所提的意见所左右，小卡尔的烦恼对成长中的孩子们是家常便饭。如何对待别人的意见，这和孩子的性格有很大的关系。父母的教育和引导对孩子的性格塑造有很大的影响。卡尔·威特非常注重对小卡尔性格的塑造，卡尔·威特认为性格中很大一部分是先天决定的，但是后天的教育和影响同样非常重要。

一天傍晚，赵先生儿子的班主任王老师来到赵先生的家里。

"王老师您坐，请喝茶。"赵先生把王老师请到了客厅，他略微有些不安地问："王老师，是不是我儿子在学校里犯错误了？"

"没有，文文是个很好的孩子，性格非常安静，又很听话，而且学习成绩也不错。说实话，老师们最喜欢这样的学生了。"

"王老师，您今天来有何贵干啊？"赵先生虽然脸上挂着笑，心里却是忐忑不安。

王老师为了打消他的疑虑，赶紧回答："您别紧张。是这样，文文没有犯错，只是平时性格过于内向，集体活动他从不积极参加，让老师和同学们挺头疼的。甚至有时候大家觉得文文有点儿缺乏上进心。我这次来就是想了解一下，文文在家里是不是也这个样子呢？家长是不是应该关注一下孩子的性格培养？"

"王老师，我知道我儿子确实有点儿内向，不过他很乖，不会出问题的。"赵先生听完老师的话，一下子放心了，"只要多给他一些锻炼的机会，我相信他会成长起来的。"

"但是这孩子不愿意接受我们给的机会啊。"王老师哭笑不得地说道。

"比如前几天班里选班干部，老师和同学们都觉得他学习又好，人又稳重懂事，于是推荐他做学习委员。但是文文怎么也不肯当，老师和同学一再鼓励他，他都一直低着头，一声不吭，真是让人没办法。"王老师是真的替文文着急，又说道，"直到现在，一到班上有活动的时候，老师们为了帮他改掉这种不上进的毛病，什么小组长、队长啊，总是想让他来尝试一下，但是文文总是躲在人群后面，只摇头不说话。你说这可怎么好，真是让人说也不是，不说也不是。赵先生，我怕这样下去对孩子的长期发展不利。"

赵先生不知道该说什么。文文这样的性格，的确对他的成长是很不利的。

案例中的孩子性格非常内向，并且这种性格已经影响了他的学习和成长，已经对他的成长造成了阻碍。这种情况下，家长和老师就要对孩子及时采取措施，帮助孩子克服性格中的缺陷，使孩子更加顺利地成长。

在二十世纪初，就有很多教育学家和心理学家对如何培养优秀人才十分感兴趣，并进行了许多研究，其中，有几位心理学家采用了一种"笨办法"进行研究，取得了丰硕的成果。

他们先是在全美国范围内对十几万名儿童进行筛选，从中挑选出了近两千名智商很高、品学兼优的孩子，然后对他们的成绩、性格、家庭等因素都做了详细的记录，然后每隔两年就回访一次，并做些相应的总结研究工作。经过了长达三十年的时间，心理学家们研究数据后发现，这些小时候很聪明的孩子在成年后并非个个都取得了令人称赞的成就。相对而言，性格好的孩子取得的成就往往更大。

因此可见，性格对一个人的成长有着至关重要的影响。尽管一个人的性格是天生的，但是后天的环境和培养仍然是不可忽视的。培养孩子良好性格的黄金时期是幼儿时期。因此家长要抓住这个关键时期对孩子的性格进行塑造，让孩子能够得到更好的发展。

人的性格一般分为外向和内向两种。在生活中我们也可以感受到，性格外向的孩子更加活泼，人际交往的能力也更强，这是性格外向的孩子的优势。性格内向的孩子往往做事更加认真，为人更加稳重。性格没有好坏之分，家长不用刻意对孩子的性格进行改变，而是要善于发现孩子性格上的"短板"，帮助孩子取长补短。这里有几点建议供各位家长参考：

1. 关注孩子的心理动向，鼓励孩子多和别人交流。

很多内向孩子都有不爱说话的特点，他们更喜欢沉浸在自己的世界里。这种性格的孩子大多善于思考，勤于动脑，不过可能不善于表达，因此会给人一种不会说话的感觉，长此以往，还有可能导致孩子产生自卑感。对此，家长要对孩子的心理动向多了解，鼓励孩子多和别人交流，说出自己的观点和想法，同时要肯定孩子善于思考的优点，多表扬孩子。让孩子在与别人的交流过程中逐渐敞开心扉，表达自己的想法，久而久之，孩子的性格就会发生转变。

2．让孩子多交朋友。

不管孩子的性格是外向的还是内向的，家长都要鼓励孩子多交朋友，让孩子在和朋友交流的过程中消除孤独感，帮助孩子找到性格中尚待完善的地方，帮助孩子进步。同时，孩子也会见贤思齐，不断完善自己的性格。当然，家长也应该教育孩子提高警惕，学习分辨不同的人，避免孩子在和别人的交往中上当受骗。

3．性格没有好坏之分，家长不用刻意改变孩子的性格。

有的家长认为孩子的性格开朗有好处，于是就刻意让原本性格内向的孩子做出改变，其实这种做法是不合适的。性格本身没有好坏之分，不同的性格有不同的优点和缺点，家长要善于发现孩子性格中的闪光点，帮助孩子扬长避短。

孩子拥有什么样的性格，更容易获得成功与幸福呢？经过研究，心理学家发现，对孩子的一生影响最大的性格因素主要有善良、坚强、勇气、宽容、乐观等几种。

因此，家长应从小培养孩子的爱心，引导孩子以积极、乐观的态度面对生活。在日常生活中，家长可以鼓励孩子从小事开始锻炼毅力，这样不但能磨炼孩子的意志，还能让他尽早养成做事有始有终的习惯。家长应鼓励孩子敢想敢做，对未知的事物大胆尝试，告诉孩子有了勇气就不会畏惧日后人生路上的艰险。家长应教育孩子要心胸开阔，宽以待人，和朋友分享自己的快乐，时间长了，孩子不但能赢得别人的喜爱，还能养成宽容之心，有利于日后从容面对不如意的人生境遇。在教育孩子时，家长可着力培养孩子乐观的性格，这样，在长大成人后，无论是遇到多么大的困难，孩子都能看到光明的前景，无论面临多么枯燥的工作和生活，他也能从中发现乐趣。我们常说"人贵自知"，一个人只有真正了解自己的优点和缺点，能对自己的所作所为及时反思和总结，才会不断地进步。

行为记录让孩子看到自己的优点和进步

小卡尔有个行为记录本，上面记录着小卡尔每天做的好事。比如，小卡尔帮助妈妈做了家务，父亲卡尔·威特就在行为记录上记下来，并提出表扬。小卡尔没事的时候也喜欢翻看自己的行为记录，很高兴自己做的好事得到肯定。行为记录对他产生了鼓励的作用，让他能够更有激情地做好事。

刚开始的时候，卡尔·威特只在行为记录上记小卡尔做的好事。后来，卡尔·威特也会将小卡尔的"不良行为"写在行为记录上。有一天，小卡尔像往常一样翻看自己的行为记录，但是看着看着，他变得非常沮丧。

"我还以为自己做了不少好事呢，没想到我竟然有这么多的'不良记录'！"

其实这是因为卡尔·威特发现只记录小卡尔做的好事，全都是对小卡尔的表扬，小卡尔变得有些骄傲，于是卡尔·威特又将小卡尔的"不良记录"也保留下来。

"没关系，那些不良记录只是为了提醒你还有需要改进的地方，再说这些事已经成为过去，只要你以后不再犯同样的错误就可以了。"

听到卡尔·威特的安慰，小卡尔开心起来，他下决心要消除"不良记录"，努力做更多的好事。

卡尔·威特创造的"行为记录法"让小卡尔意识到自己平时行为存在问题，也看到了自己的优点和进步。这个做法可以帮助孩子更多地了解到自己的行为，小卡尔就从中发现了自己还有许多"不良记录"，因此下决心改正。由此可见，行为记录对孩子有很强的激励作用，可以充分培养孩子的主动性。

其实卡尔·威特的这种做法和现在幼儿园给小朋友发小红花是一个道理，

都是对孩子行为的一种激励和敦促。家长同样也可以将这种方法运用在家庭教育中，让孩子意识到自己行为的优点与缺点，更有效地帮助孩子进步。

娟娟是个比较懒惰的孩子，虽然已经上小学了，但是在家里很少主动帮助妈妈做家务。妈妈说过她很多次，但是都没有什么作用。有一次，妈妈让娟娟帮忙把垃圾倒掉，娟娟笑着问道："有什么奖励吗？"

"奖励？"妈妈突然眼前一亮，"这样吧，你每次帮妈妈做一件事，就给你一颗红色的小星星，每周统计一次，看你一共能得到多少颗小星星，然后妈妈按照成绩给你一定的奖励，你觉得怎么样？"

娟娟一听顿时来了兴致，高兴地说："好！"

"妈妈，我帮你洗碗了！给我一颗小星星！"

"妈妈，今天的地我来扫，你记得要给我小星星！"

为了得到小星星，娟娟在家里干家务干得十分起劲。

"娟娟，该睡觉了，你怎么还在看电视？"妈妈已经催了两三回了，但是娟娟依然守在电视机前，没有任何要睡觉的表现。

"娟娟，我现在要告诉你一件事：以后你如果做一件不好的事，比如像现在这样，该睡觉的时候不睡觉，那我就要给你去掉两颗小星星。这样最后统计的时候可能会影响你的奖品。这样做你同意吗？"妈妈平静地对娟娟说。

"好吧，我知道了。妈妈，我同意！"娟娟这次没有再任性，立刻收拾东西回卧室睡觉了。

妈妈发现自从开始用小星星记录后，娟娟变得比以前主动多了，而且也变得更懂事了。有一天，娟娟对正在厨房做饭的妈妈说："妈妈，我发现你每天收拾家务还要上班真是太辛苦了。我真的应该好好帮你。"听到原本懒惰、不懂事的孩子说出这样的话，妈妈心里涌起一股暖流。

案例中的娟娟平时比较懒散，但是在妈妈用小星星为她做行为记录之后，娟娟变得十分勤快。面对娟娟不合理的行为时，妈妈也不需要强迫娟娟改变，这种方式让妈妈和孩子之间的沟通更加方便顺畅，效果也更明显。

孩子对自己行为的判断能力及分辨能力都比较弱，有些家长时常觉得孩子丢三落四，正在做的事一转身就忘了。对孩子进行提醒也十分困难，有时候一件事即使对孩子耳提面命很多次，孩子依然记不住，久而久之，家长还会给孩子留下一个爱唠叨、说话啰唆的印象。卡尔·威特的行为记录法可以给家长一个很好的启示，用这样的记录方法来提醒孩子、敦促孩子，让孩子能够非常直观、清楚看到自己的行为，同时也更加容易地让孩子对家长的管教心服口服，让父母管教孩子变得更加容易，对维护亲子关系能够起到很好的作用。这里有几点建议供各位家长参考：

1．家长要做到言必信，行必果。

和孩子约定好做行为记录，首先家长要做到言必信，行必果，遵守约定，负起责任，对孩子的行为进行真实、持续的记录，同时做到赏罚分明，监督孩子，并且接受孩子的监督，和孩子一起履行约定，做好行为记录。

2．教孩子做行为分析，不要仅仅为了记录而记录。

为了培养孩子的品德，家长可以帮孩子制作一个"成长足迹"记事本，让孩子在日常生活中记录自己在爱心、品德等方面的点滴进步，比如记下孩子每次帮助别人的行为等。时间长了，孩子自然能够养成注意自己行为的习惯。

除此之外，家长还应该向孩子指出自己或周围人在生活中的不文明行为，让孩子慢慢学会分析和辨别，让孩子明白什么是对的，什么是错的，不可盲目地学习模仿别人。

王向向放学回家后立即兴冲冲地跑进自己的房间，妈妈很好奇，也跟了过去。王向向坐在桌前，妈妈走近了才发现，原来是儿子正拿着她送给他的"成长足迹"记事本，认真地写着什么。

"今天小刚把垃圾扔在地上，我告诉他，垃圾要扔在垃圾桶里。刚才在公交车上，我给一位老奶奶让坐了。"

妈妈看了以后，摸了摸王向向的头，笑着说："儿子真棒，今天又有进步啦！对了，让'坐'的'坐'应该加个广字头。"王向向听了，笑得很开心："妈妈，明天我还要努力，我要做一个有礼貌、有品德的好人。"说完，他一笔一画地改正了错别字。

家长在帮孩子做行为记录时，还要让孩子明确，做行为记录的目的是帮助孩子更好地成长和发展，因此孩子必须学会分析自己的行为，看到自己的优缺点，而不是仅仅为了得到奖励才做行为约定。所以家长要让孩子正确地看待行为记录，不计较得失，从而正确地认识自己。

3. 行为记录不应该报喜不报忧，更不能报忧不报喜。

在孩子的行为记录中，最好将好的和坏的行为都记录下来，让孩子对自己的行为有一个全面直观的了解。如果报喜不报忧，很容易让孩子忽略自身存在的问题；反之，如果报忧不报喜，会打击孩子的自信心，久而久之，就会让孩子觉得自己一无是处，这对孩子的成长是不利的。所以家长要注意，对孩子的行为记录要全面，帮助孩子对自己有一个比较准确的判断。

第四章

培养爱心，
让孩子在行动中发现爱

爱心是孩子最美的勋章

卡尔·威特认为培养孩子的爱心是很重要的。孩子如果富有爱心和同情心，乐于帮助他人，将来在社会上也会受到欢迎。

卡尔·威特经常做一些事情来培养小卡尔的爱心。他喜欢给小卡尔讲故事，并且通过这些故事培养小卡尔的爱心。当小卡尔在做一些不好的事情，或者没有及时为他人提供帮助时，卡尔·威特总会提醒他："好像有这样的一个故事，你应该记得吧？有一个人遇到了类似的情况……"小卡尔每次都能很快地认识到自己的错误，热心地帮助别人。

卡尔·威特喜欢带小卡尔做一些有意义的事情。他经常在节假日提醒小卡尔为朋友和穷苦人家送一些礼物，为他人带来温暖，给困境中的人们提供帮助。小卡尔接受了别人的感谢后，更愿意帮助他人。当附近的人们遭遇不幸时，卡尔·威特也会告诉小卡尔，带小卡尔过去看望。这时，小卡尔总会主动地为这些人提供帮助，甚至将自己平时的积蓄都拿出来。卡尔·威特看到小卡尔的这些行为时，会非常欣慰地表扬小卡尔："虽然你资助别人的东西不多，但是其中包含的浓浓情意会一直温暖着他们。"

正是因为接受了这样的教育，小卡尔从小就富有爱心和同情心。在妈妈生病时，两岁半的小卡尔就知道心疼妈妈，体谅妈妈的辛苦，帮妈妈做一些力所能及的事情。小卡尔能清晰地察觉身边人的情感变化，并且擅长体谅和理解他人的想法。人们都能感受到小卡尔对他们真诚的感情，这让小卡尔一直都很受人喜爱。

正是因为卡尔·威特对小卡尔爱心的培养，小卡尔成为一个既有知识又有美德的人。卡尔·威特通过给小卡尔讲故事，潜移默化地在小卡尔心中种下了善良的种子。卡尔·威特带着小卡尔一起去帮助他人，用自己的行动为小卡尔树立榜样。在小卡尔做好事时，他能够及时地鼓励和表扬小卡尔。卡尔·威特的这些做法值得家长借鉴，这样做能够让孩子成为一个充满爱心的人，在生活中更加快乐，更有自信。

仁爱是中华民族的传统美德，孟子曾经说过："老吾老以及人之老，幼吾幼以及人之幼。"仁爱是人类最光辉伟大的品质之一，是一切美德的源泉。一个充满爱心的孩子，能够体谅和理解身边的人，乐于为他人提供帮助，可以愉快地同他人相处。家长培养孩子的爱心，意味着帮助孩子拥有自信而快乐的人生。

法国文学家雨果曾说过："人世间没有爱，太阳也会死。"家长都希望孩子生活在一个充满爱的世界，所以有义务让孩子学会关爱他人。如果家长不重视对孩子爱心的培养，孩子就只知道享受爱，向他人索取爱，却不懂得回报爱。这引来了许多家长的抱怨，他们觉得自己十分宠爱孩子，但是孩子却只知道索取，从来不关心父母，也不会体谅他人的感受。

小宾是家中的独生子，一直备受家人的宠爱。小宾的各种要求，总能轻易得到满足。

一天，爸爸妈妈带小宾到朋友家做客。小宾一进门就看见朋友家养的一只可爱的小猫。由于小宾家里从来没有养过宠物，小宾对小猫非常好奇，扑上去把小猫抓住，自顾自地和小猫玩起来。朋友觉得这是小孩子天性好奇，交代小宾小心一些别被猫抓伤，然后继续和小宾的爸爸妈妈聊天，热情地款待他们。

不一会儿，朋友就听见小猫不停地惨叫。原来，小宾用各种姿势摆弄小猫，不管小猫的感受，还一直兴致勃勃。

朋友听见小猫的叫声特别心疼，就哄着小宾说："你看，小猫一直在挣扎，它现在肯定特别难受，你把小猫放下来，叔叔给你拿玩具好不好？"

"不，我还没玩够呢！"小宾丝毫不为所动。

"你可不可以对小猫温柔一点儿呢？它这样很不舒服呀。"朋友继续劝道。

小宾还是坚持："不，我不管，我就要让它陪我玩。"

儿子这么任性，爸爸妈妈感到很不好意思，连忙劝小宾放手。谁知小宾立刻大哭大闹起来，爸爸妈妈在朋友面前非常尴尬。他们终于意识到家里人把小宾惯坏了。

在这个故事中，家长平时对孩子太过宠爱，只知道给予孩子关爱，却没有教孩子如何回报爱，让孩子形成自己在家中"唯我独尊"的心态，在外面也不懂得考虑别人的感受，逐渐养成了自私任性的行为习惯。小宾将自己的快乐建立在小猫的痛苦之上，无视小猫的反抗和挣扎，也不听他人劝导，只为满足自己的需要。这都是由于家长没有重视对孩子爱心的培养，只是一味地溺爱，用错误的教育方式扼杀了孩子的爱心。

如果想让孩子成为一个充满爱心的人，家长应该从小进行培养。在这个过程中，家长要懂得运用正确的方法：

1. 家长要教孩子学会换位思考。

让孩子学会站在别人的角度看问题，体察别人的心情。家长可以在家里和孩子玩互相交换身份的游戏，让孩子体会家长的辛苦；可以同孩子一起浏览一些公益网站，为那些没钱动手术的孩子捐款；可以和孩子一起收拾家中的一些旧衣物，送给贫困山区的小朋友……这些都能够让孩子慢慢地学会体察别人的感受，培养孩子的同情心。

2. 家长要及时给孩子鼓励。

在孩子表现出爱心时，家长要适当地予以肯定。在孩子帮助他人时，家长的表扬会让孩子有更大的动力将这种行为坚持下去。孩子的性格、习惯、品质和心理对孩子的成长、成才十分重要，而这些都是在生活、学习中培养的，不会一蹴而就。持之以恒的鼓励会使爱的种子在孩子心里扎下根，化为自觉的行为习惯。

3. 家长要给孩子提供奉献爱心的机会。

有些家长可能只顾着疼爱孩子，却忽略了给孩子提供奉献爱心的机会。事实上，付出与接受都是相互的，没有给孩子学习关爱的机会，他们又怎么会关爱父母呢？当孩子为劳累的父母捶捶背，或给刚下班回来的父母倒一杯水时，有些家长可能会拒绝孩子的关爱，催促孩子赶紧回房间看书、写作业。家长这样做也许是想让孩子以学业为重，多花点时间在学习上，却在无意中伤了孩子的心。因此，当孩子主动为家长奉献爱心时，家长可以高兴地接受，并赞扬孩子的行为，让孩子更有前进的动力。

让孩子拥有一颗敏感而善良的心

卡尔·威特很重视孩子的品德教育，擅长用潜移默化的方式影响孩子。当小卡尔阅读书籍时，卡尔·威特经常会引导孩子思考如果自己面对主人公的遭遇应该怎么做。在小卡尔做出正确的选择后，父亲会给予适当的表扬，让小卡尔学会明辨是非。卡尔·威特还经常给小卡尔讲述一些内容积极向上的童话和传说。受到故事里善良的主人公的熏陶，小卡尔渐渐懂得了爱的含义。

一天，在黄昏的街道上，卡尔·威特带着小卡尔悠闲地散步。忽然，小卡尔看到了一个形象颓废的流浪汉。卡尔·威特让小卡尔去帮助流浪汉。于是，小卡尔略微思考了一下，上前询问流浪汉说："先生，您好。我可以帮助您做什么吗？"流浪汉说："我只想有一个面包可以填饱我的肚子。"小卡尔立即飞奔回家拿来了面包，在得到卡尔·威特同意后，将面包送给了流浪汉。流浪汉十分感激小卡尔对他的帮助，还称赞了善良的小卡尔。

卡尔·威特一直把小卡尔当作一个成年人来平等看待，从不因为小卡尔年龄小就娇惯他。因此，卡尔·威特要求小卡尔从小学习做家务，比如扫地、洗碗、整理庭院等，以此分担妈妈的辛劳，通过行动切身体会到家长的感受。这样，小卡尔渐渐地学会理解他人，积极地帮助他人。他经常主动打扫房间，帮邻居修剪草坪，拿食物喂流浪的小动物。小卡尔发自内心的善行赢得了人们的称赞。

卡尔·威特对孩子的礼仪教育也十分严格。家里有客人来访时，他会要求小卡尔主动和客人打招呼。他还要求小卡尔平时在家里也要对父母保持尊敬，同时，他和妻子也对小卡尔表示了足够的尊重。这样，小卡尔才能体会到被尊重的感受。小卡尔在卡尔·威特的教育下，变得爱憎分明、品德高尚，成为一个德才兼备的人。

二十世纪美国著名物理学家爱因斯坦曾经说过："对于我来说，生命的意义在于设身处地替他人着想，忧他人之忧，乐他人之乐。"的确，爱是人类的珍宝，只有赐予爱，才能得到爱的回馈。所以，在爱中长大的孩子才能懂得爱，会换位思考的孩子才能学会爱。

现今，很多家庭中的孩子是独生子女。家长总想把最好的东西给孩子，过分地溺爱孩子，使孩子变得自私，导致孩子和集体中的其他人相处不融洽，合作能力差，缺乏爱心。

有一次，五岁的小明和邻居家的小孩一起在跷跷板上玩，小明在降到最低点时突然离开去玩滑梯了，结果和他一起玩的小伙伴跌下了跷跷板。小明看到后不但不去扶小伙伴起来，还在一边拍手，哈哈大笑。

还有一次，小明妈妈带小明在公园里玩，小明捡到一只受伤的小麻雀，喜欢得不得了，抓在手里翻来覆去地玩，完全不顾小麻雀痛苦的叫声。小明妈妈看了不忍心，便哄着小明说："小明，你看小麻雀离开妈妈多可怜啊。我们放它回去，让它找妈妈，好吗？"

小明又哭又闹地说："不，我还没玩够呢。"小明的妈妈没办法，只得任由小明继续摆弄小麻雀。

此后，小明的妈妈发现小明变得越来越任性，而且对父母的话置若罔闻，根本不听父母的管教。

在当今社会，像小明这样的孩子有不少。在同伴跌下跷跷板时，小明却在一旁笑，从这可以看出小明没有帮助同伴的意识，小明在捡到小麻雀后只顾自己开心而忽视小麻雀的痛苦，这些都是小明缺乏同情心的表现。

由此可见，家长应该重视孩子的爱心教育。爱心是一种对生命的关怀之心，表现在对他人关心、对动植物爱护等方面。家长培养孩子的爱心，不仅有利于孩子拥有幸福的人生，还有利于形成良好的社会氛围。家长可以学习卡尔·威特教育小卡尔的方式，培养孩子的爱心，教孩子做好事，使孩子成为一个真正懂得接纳和同情他人的人。这里有几种教育方式供家长借鉴：

1. 在日常生活中培养孩子的爱心。

家长要学会在日常生活中用多种方式培养孩子的爱心。平时，家长应该经常与孩子交流，比如每天睡觉前给孩子讲一些正能量的故事，潜移默化地影响孩子的思想。家长还可以让孩子自己来养宠物，培育花草。通过辛勤的努力，让孩子懂得体贴他人，照顾他人，热爱生命，并且勇于承担责任。

2．教孩子学会换位思考。

小强的幼儿园曾经组织过一次活动，让孩子们体验残疾人的生活。在活动中，有的孩子蒙上眼睛当盲人，有的孩子堵住耳朵当失聪的人，有的孩子闭上嘴当哑巴。一开始，孩子们都觉得很新奇、很好玩，但活动进行到后面，很多孩子受不了这样的体验，都主动放弃了。这次活动让孩子们体会到残疾人生活的不便和痛苦。此后，小强和他的同学每次看到残疾人，都会主动过去帮忙。

换位思考就是以他人的视角看世界，站在别人的角度看问题。孩子只有对别人的经历感同身受，才会从心底同情别人。因此，家长应该让孩子做家务，体会家长的辛苦，以此让孩子懂得尊重家长、理解家长。长此以往，孩子在与人相处中会更多地照顾别人的感受。

3．引导孩子养成做好事的习惯。

习惯要从小培养，培养爱心也是这样，家长应鼓励孩子主动帮助别人，比如帮家长买东西，给老人让座，捡到东西归还失主，等等。在孩子做好事之后，要及时对孩子的善行进行表扬。这样在长期的引导下，孩子就能拥有一颗善良的心，拥有坚持做好事的毅力。

经历了挫折的孩子才能更快地成长

卡尔·威特是一位伟大的教育家，他经常和儿子小卡尔聊天，交流想法。有一次，卡尔·威特给小卡尔讲了一个真实的故事。

卡尔·威特的家乡有个孩子叫维克多。在维克多童年时，母亲十分疼爱他，为了不让孩子担心害怕，母亲生病时无论多么痛苦都不让维克多察觉。维克多小时候经常去邻居家和两位老人玩，老人们待他很好，每次都会拿出一堆好吃的、好玩的招待他，可是两位老人生病后，维克多母亲就阻止他再去看望老人了。

维克多母亲的理由是不愿让维克多过早品尝人世间的伤痛。后来发生了战争，村子里的男人，包括维克多的父亲都阵亡了，少年们都去参军报效祖国，唯有维克多躲进了深山老林，一躲就是好几年。战争结束后，他回到村里结婚生子，像什么都没有发生过一样平淡地生活着。他对自己的孩子十分冷漠，从不去探望出嫁的女儿，也不邀请女婿一家来做客。村里人认为维克多是"冷血动物"，因此都不和他打交道。

卡尔·威特感慨地说："维克多这样的人，活着却没有生机和活力。感谢上帝，我的孩子是那么开朗真诚。"

小卡尔由衷地说："人的感情不是只有快乐或痛苦，不去体味人生的复杂就不能享受活着的乐趣。父亲，是您把我教导成了一个幸福的人，您更应该感谢的是自己。"

其实小卡尔也曾遇到过类似的事。小卡尔在读大学时曾经有这样一位同学，只有十五岁却极为聪明，人们称他为天才。这样的人理应被人追捧，实际上却没有人喜欢他，他没有一个朋友。细究原因，原来在这个孩子小时候最疼爱他的母亲去世了，而他的父亲却只顾他的学习，丝毫不关心他的内心世界，结果这个孩子变得孤僻，对人冷漠，厌恶与他人交往，总是独来独往，所以也没有亲人和朋友照顾关心他。后来，父亲病重他也不去探望，父亲死后，他也结束了自己的生命。

故事中小卡尔的同学在本应该被家长疼爱的年龄，却面临了母亲的逝世和父亲冷冰冰的教育，导致他对别人及自己都漠不关心。而维多克是在童年被母亲娇惯，没有经受过挫折和痛苦，长大后无法对别人的痛苦感同身受，遇事只考虑自己。这些都是由于他们在小时候没有接受正确的教育。

卡尔·威特的教育理念之一是只有身体和心理都健康的人才是合格的人。身体健康和心理健康是相互依存、相互促进的，二者缺一不可。因此，孩子的心理教育不容忽视，家长应该尽早引导孩子，培养出心理健康的孩子。

《三字经》中有这样的话："玉不琢，不成器。人不学，不知义。"确实，玉石不经过打磨和雕刻，不会成为精美的器物；人如果不学习，就不懂得礼仪。温室里养出来的都是娇弱的花草，难成大器。

小华和小红是表兄妹，但两个人的性格大相径庭。

小华从小和家人住在乡下，家里有几亩地。每年春播时，小华都会帮爷爷到地里撒种子；秋收时，小华帮爷爷掰玉米。虽然辛苦，但小华从不抱怨。因为从小体验过种地的辛劳，小华养成了吃苦耐劳的性格。

小红家在城里，而且小红是家中的独生女，因此家里人都很宠她。小红的妈妈总怕把小红累着，从来不让小红做家务。小红正在上幼儿园，但她特别爱睡懒觉，因为这个常常迟到。小红怕被老师骂，总是央求妈妈帮忙，妈妈不想小红被批评，于是每次都向老师解释，把责任揽在自己身上。久而久之，小红把妈妈对她的维护当作理所当然，迟到越发频繁，而且每当她犯错时，总把原因归咎于别人，从不反省自己的错误。

在上述事例中，小华从小参与劳动，体会了田间工作的劳苦，因而对大人的辛苦感同身受，从而锻炼出了坚韧的性格。相反，小红在家人的保护下，从未经历过挫折与痛苦，而且家长对于小红犯的错误不但没有加以纠正，还百般维护，助长了小红骄纵的个性。家长们应该学习卡尔·威特教育孩子的方法，让孩子经历一些生活的磨炼。这里有几条建议供家长参考：

1. 让孩子养成爱劳动的好习惯。

在孩子五六岁时，家长应该有意识地培养孩子劳动的习惯，因为劳动能让孩子体会到家长的辛苦，从而使孩子对家长更加尊重和敬爱。平时，家长可以让孩子学着整理自己的房间、擦桌子、打扫卫生，参加志愿者的活动。这样，孩子不仅能赢得大家的称赞，还可以锻炼自己的实践能力，对孩子将来进入社会、学会独立也有很多益处。

2. 让孩子学会自立自强。

人在一生中难免遇到挫折。真正勇敢的人能独自面对困难，积极寻找解决问题的办法；懦弱的人只会逃避问题，依赖别人。想要让孩子成为勇士，就要让孩子独立，让孩子学会自己面对问题、解决问题。

孩子上幼儿园时是培养孩子独立能力的最佳时期。家长在这段时间要注意锻炼孩子的意志和自理能力。家长要做的是在孩子摔倒时鼓励他自己站起来，在孩子迟到时要求他自己向老师解释原因并改正错误，在孩子依靠自己解决好问题时给予适当的表扬。

3．关注孩子的身心健康。

健康不只是身体的健康，还有心理的健康。拥有健康的体魄，人们可以提高学习和工作的效率，而乐观的心态才是人们渡过难关的关键。真正的乐观不是盲目的乐观，而是在灾难和疾病面前也能从容淡定，乐观向上。

想要孩子拥有健康的心理，家长就要从小培养孩子，让孩子拥有对生活的热爱和对生命的敬畏。家长可以经常开导和鼓励孩子，对孩子表现出足够的关心，为孩子营造一个温暖的家庭氛围。

教孩子学会感激他人

梅泽堡公立中学的校长福兰兹先生对小卡尔的才华非常欣赏，经常将他推荐给一些著名的老师或者有身份、有地位的人，他对小卡尔的成长也起到很重要的作用。有一次，卡尔·威特要去办一件事情，正好路过福兰兹先生所在的城市，于是他想带着小卡尔一起前去拜访福兰兹先生，对福兰兹先生表示感谢。

出发前，卡尔·威特问小卡尔想带什么礼物去看福兰兹先生，小卡尔表现得非常诧异："为什么要带礼物呢？"

"为了对他表示感谢啊！"卡尔·威特说。

"可是我觉得对别人真正的感谢应该是放在心里的。书上说只有没本事的人才会请客送礼呢。"小卡尔不理解父亲的做法。

"不，孩子，这是对别人表示感谢。这是和别人交往时的礼节。如果能够对别人的帮助表示自己的感激之情，对方也会感到非常高兴，并且认为你是个懂礼貌的好孩子。就算是福兰兹先生不在乎，那他的家人呢？

如果你不能将这些人际关系都考虑进去，将来在和别人的交往中可能会吃亏。"

最终小卡尔听从了父亲的建议，为福兰兹先生带去了一份礼物。收到礼物的福兰兹先生非常高兴，不停地称赞小卡尔："小卡尔不仅聪明，还是一个懂事、细心的孩子呢！我相信你将来一定能取得很大的成就！"

卡尔·威特不仅重视书籍对孩子的教育意义，同时也对小卡尔进行必要的社会教育。让孩子懂得感激他人，这对提高孩子的人际交往能力具有重要意义。卡尔·威特年轻时因为不擅于表达自己的感激之情，失去了对自己非常重要的一位朋友。因此卡尔·威特非常重视培养小卡尔在这方面的能力，希望小卡尔能够拥有更多与人交往的智慧。

小平今天非常高兴，一放学她就飞奔回家。因为她远在美国的姨妈今天回来了，还给她带来了许多好吃的零食和礼物。

"爸爸妈妈，我回来了！"小平高兴地推开门，热情地向爸爸妈妈打招呼。

"哟，今天小平的兴致真好！快来，姨妈已经到了。"妈妈帮小平把书包放下，催她去和姨妈打招呼。"姨妈好！"小平兴奋地跑到姨妈的身边。

"哎呀，我们的小平长这么大了，变漂亮了！"姨妈拉着小平左看看、右看看，然后又说，"对了，姨妈给你带了很多礼物，快去看看喜欢不喜欢。"

"一定喜欢。"小平拍着手，跳着说。

"这孩子嘴巴真甜。"姨妈笑着说道。

"小平，有没有谢过姨妈？"爸爸问道。

小平只顾着翻自己的礼物，并没有在意爸爸的话。

"小平，快谢谢姨妈！"爸爸又说了一句，可是小平还是没有回应。

"谢什么啊，我送孩子礼物是应该的。"姨妈说道。

爸爸来到小平的卧室，有点不高兴地对小平说："小平，你应该谢谢姨妈。"

小平看了爸爸一眼，仰起头说："她是姨妈，就应该给我买礼物，我为什么要说谢谢？"

"这孩子，你难道不知道感恩吗？老师没有教过你吗？"爸爸生气地说。

"老师当然教过，不过，我认为只有帮助过我的人才可以得到我的感恩，自己的亲人还需要感恩吗？"小平理直气壮地说。

"你这是什么歪理，难道姨妈大老远给你带礼物不算帮助你吗？爸爸妈妈为你付出了十几年不算帮助你吗？"爸爸问道。

"这是你们应该做的，是家长的义务，也是我应该享有的权利。"小平还是坚持自己的理论。

爸爸摇摇头，叹气道："看来我应该好好管教管教你，让你知道什么是感恩。"

故事中的小平从小生活在父母的呵护下，虽然父母为她付出了很多，但她并不懂得感恩。在她的意识里，只有帮助过自己的人才需要感恩，而父母的付出是天经地义的，为此爸爸对自己以往的做法进行了检讨。其实，孩子不懂得感恩，严格说来是父母的错误，因为父母没有在生活中向孩子讲解感恩的意义，没有让孩子养成感恩的习惯。如何教育孩子，让孩子学会感激他人，这里有几点建议供各位家长参考：

1. 做懂得感激他人的父母，才能有会感激他人的孩子。

想要让孩子懂得感激他人，首先父母就要怀有一颗感恩的心。比如，父母要孝顺长辈，在生活中注意照顾长辈，出门在外经常给长辈打电话，等等，同时父母要告诉孩子，人要懂得感恩。这种身体力行的教育会给孩子留下很深的印象，让孩子有这样的意识，父母为他付出了很多，要感恩父母。

2. 从一点一滴的生活小事中教孩子学会感激他人。

此外，还要在生活中让孩子养成感恩的习惯。当孩子得到他人的帮助或收到他人的礼物时，家长要让孩子说"谢谢"。父母平时也要时常把"谢谢"挂在嘴边。当妈妈给爸爸倒了一杯水时，爸爸应该说一句"谢谢"；当爸爸给妈妈买了一件礼物时，妈妈也要说"谢谢"。在这样的环境中成长，孩子就会慢慢养成感恩的习惯。当爸爸妈妈为他做一件事时，他也会说"谢谢"，懂得感谢父母之后，对于其他的人孩子也会有感恩的意识。

3. 父母要给孩子表达自己的感激之情的机会。

孩子不懂感恩，有时是家长惯出来的，比如孩子要做家务，妈妈却说："你去休息吧，让我来。"孩子要帮爸爸拿衣服，爸爸却说："爸爸自己拿就可以。"这样虽然是关心孩子，但却给孩子带来了不好的影响，让孩子认为父母不需要自己的感激，或者感到自己的感激被父母拒绝了，久而久之，孩子就会不习惯将自己的感激之情流露在言行之中。所以在日常生活中，父母应该给孩子感谢自己的机会。比如下班后，让孩子帮父亲或母亲倒一杯水，或者让孩子尝试着做一次晚饭，等等。要让孩子明白，人要懂得给予，懂得回报。

有些孩子的生活中缺少挫折，因此他觉得一切东西都来得很容易，从而不懂得感激父母。面对孩子的要求，父母可以适当地拒绝，让孩子自己去争取想要的东西，多感受几次挫折的滋味，这样他才能体会到父母为他付出了多少，从而对父母产生感恩意识。因此，父母在管教孩子时，要给孩子体验挫折的机会，这样才是真正地爱孩子，不但能够锻炼孩子的抗挫折能力，也能让孩子学会感恩。

体罚让孩子变得残忍

一天，外面下着大雨，小卡尔的母亲回来的时候发现家里的小狗正在院子里淋着雨大叫，小卡尔在房间里听到了小狗的叫声却置之不理。这让妈妈感到非常生气，但是妈妈却依然没有非常大声地斥责他，只是问小卡尔："你知道外面在下雨吗？"

"我知道。"小卡尔回答。

"那你有没有听到小狗在外面叫，它在淋雨，你知道吗？"

"妈妈，我听到了。但是我想，也许它淋一会儿雨应该没事。"小卡尔有些不以为然地说，"我有个朋友，每当他做错事，他的爸爸都会让他罚站，甚至下雨了也是这样。所以我觉得小狗淋雨也应该没事。"

小卡尔的妈妈听了这些话之后，感到非常震惊。父母的体罚竟然让孩子变得如此残忍，而小卡尔仅仅是听说了这样的事就会有如此想法，她不敢想象如果用这样的方式来教育小卡尔，他会变成什么样子。

卡尔·威特非常重视和小卡尔的沟通方式。当孩子犯错时，他从来不会用非常负面的语句或者非常打击小卡尔自信心的词句来对他做出评价。卡尔·威特不会对孩子说"你太笨了"或者"你滚蛋吧，我不想再见到你了"之类的话。卡尔·威特尤其反对家长对孩子进行体罚，他认为这种教育方式不会有显著的效果，即使有效果，这种效果也是短期的，从孩子的长远发展来看，父母对孩子的体罚更多是一种副作用。它有可能让孩子变得自卑、暴力甚至残忍，因此家长在教育孩子的过程中应该尽量减少对孩子的体罚。

英国法律规定，允许父母对子女做温和的惩戒，但如果体罚子女过重，家长将面临最多5年监禁的刑罚。我国的《未成年人保护法》明确规定，不得对未成年人进行体罚。然而在韩国，父母打孩子却是被法律允许的。

到底"该不该打孩子"这个问题在社会中也存在很大的争议。一部分家长觉得"棍棒底下出孝子""不打不成器"，所以在生活中动辄对孩子进行训斥或是体罚孩子；还有一部分家长认为打骂孩子的教育方式是不正确的，可是又不知道该怎样对待不听话的孩子，往往控制不住脾气，动手打了孩子，之后又开始自责。

晓纯是个看起来文文静静的孩子，平时沉默寡言。有一次他被班主任叫到办公室里，竟然是因为他和同学打架。

"你为什么和同学打架？还下这么重的手，你看，你把同学的头都打破了。"老师非常生气，因为在他的印象中，晓纯不是这样的孩子。

晓纯一直低着头不说话。

"这样吧，把你的家长叫过来！"老师打了一个电话，晓纯的爸爸就赶了过来。

"晓纯家长，情况是这样的，晓纯今天在学校和同学起了冲突，两个人打了起来，同学的头部受了点伤……"老师正在和晓纯的父亲说明情况，谁料他话音还没落，晓纯的爸爸就对晓纯一顿暴打。

"我叫你打人！我让你来学校读书，你竟然还打人！还给我惹事！"晓纯的父亲边骂边用拳头在晓纯的身上和脸上留下"印迹"。他的举动吓坏了办公室的老师们，班主任连忙拉住他："你这样会打坏孩子的！你怎么能动手呢？"

"老师，这孩子不打不成器，现在都学会打人了，你说我要是再不教育他，以后还指不定变成什么样儿呢！"晓纯的父亲振振有词地说，说罢还准备再次动手，但是被班主任挡住了。

"我知道晓纯为什么会表现得这么暴力了，因为你平时就是用这样的方式对待他的。你已经给孩子造成一种思维定式，认为暴力可以解决一切问题。现在孩子肯定是有心理问题了，才会这么容易和同学起冲突。晓纯父亲，我认为您应该反思一下自己的行为。"

班主任的话令晓纯父亲感到很不解。自己教育孩子是为了孩子好，难道有错吗？

案例中的父亲为了教育孩子，对孩子采取体罚的方式，经常对孩子拳脚相加，这种做法造成了很严重的后果：孩子变得沉默寡言，看起来虽然文静，但是情绪非常容易失控，并且会无意识地运用父亲对自己的体罚方式解决与同学的纠纷，因此出现了打伤同学的事件。这样做是不应该的，家长应该进行反思。

很多家长体罚孩子的目的是为了让孩子不再犯类似的错误，可事实证明，如果一个孩子在成长过程中经常遭受体罚，最终会导致他出现粗暴、懦弱、爱撒谎等性格弱点。心理学家调查发现，十个少年犯中，至少有七个孩子有过遭受家庭暴力的经历，可见家长的这种粗暴的教育方式对孩子带来的恶劣影响。

既然棍棒起不了作用，那么家长该如何对孩子进行管教呢？这里有几点建议供各位家长参考：

1. 通过对孩子的了解来解决孩子的常见问题。

在生活中，家长由于忙于生计没时间关心孩子是常见的现象，时间长了，孩子就开始疏远父母，父母也会觉得孩子越来越无法沟通。所以，家长一定要尽量抽时间陪伴孩子，并与孩子和老师及时沟通，更多地了解孩子。当家长掌握了孩子的习惯和缺点，就能帮孩子解决问题。比如，孩子做作业时总是马虎大意，家长就要注意经常提醒孩子多检查；如果孩子经常说脏话，家长及时发现，就能尽快帮孩子改掉这个不良习惯。只有了解孩子以后，才能减少对孩子的误解。这样，当孩子不听话的时候，家长也清楚应该怎样去引导孩子。

2．内疚感能帮孩子改正错误。

孩子的道德观念还不强，所以作为父母，在生活中要时常为孩子传达一些正确的观念，告诉孩子什么是对的，什么是错的。这样，当孩子再次犯错时，他内心的良知就会让他产生内疚感，下次面对类似的事情时能引起孩子的警觉。

3．不能因为孩子达不到自己的期望，就打骂孩子。

在生活中有很多家长，由于对孩子抱有过高的期望，所以不允许孩子犯错，当孩子达不到自己的标准时，就用体罚的方式惩罚孩子。过于严厉地要求孩子，不仅会伤害孩子的身心健康，还有可能引起孩子的抵触心理——反正怎样都会挨打，索性不学了。所以，家长要想自己的孩子听话、少犯错误，首先就要端正自己的态度，不要过度地苛责孩子，以免产生副作用。

4.让孩子说出自己做错事的原因。

当孩子不听管教时，很多家长通常都会因为生气动手打孩子，这时有些孩子出于害怕不得不承认自己的错误，有些孩子由于逆反心理强烈，会跟父母大吵大闹，不管怎样，家长的这种做法都没能真正地解决问题。当孩子犯错时，家长应该保持冷静，耐心地引导孩子说出这么做的原因是什么，帮孩子分析他错在哪里，找出解决问题的方法。当家长心平气和地了解孩子的想法之后，也许会发现孩子的行为其实并不是那么"不可饶恕"，正可谓多一分了解，就少一分误解。

第五章

正面教育，让孩子更优秀

父母应陪孩子一起面对困难

小卡尔天生体弱，因此卡尔·威特尤其重视孩子的身体锻炼。从小卡尔很小的时候开始，卡尔·威特就专门针对小卡尔的身体情况安排一些体育运动，或者组织孩子们一起参与，让小卡尔在体育竞赛中锻炼身体。

有一天，卡尔·威特组织了一场小朋友之间的射箭比赛，邀请了很多小卡尔的伙伴。所有的孩子都非常兴奋，因为这是他们第一次参加这样的比赛。令卡尔·威特感到非常吃惊的是，这些孩子们都表现出非常高的射箭天分，都射得很准。

但是在比赛中，小卡尔的表现却不是很好。他看起来有些笨手笨脚，命中率也没有其他孩子那么高。没过多久，小卡尔已经显得非常沮丧。

看着落后的小卡尔，卡尔·威特悄悄地将他拉到一边："你是不是觉得很难过呢？"

"是啊，爸爸。别人都射得那么好，我却连拉弓都费劲。我觉得自己很没用。"小卡尔失望地说。

"不是这样的，你现在射不准只是因为你还没有掌握射箭的技巧，等你完全掌握了，你一定可以射得准。"卡尔·威特鼓励小卡尔。

"我不行。我尝试了很多次，但是没有一次可以成功，我觉得我可能永远都不会超越他们了。我很害怕。"小卡尔低着头说。

"害怕？你怕什么呢？"卡尔·威特问道。

"我怕我射不准会被同伴笑话。可是我越感到害怕就越射不准。"

"你现在是心态出了问题。别太担心，首先你没有必要害怕被嘲笑，因为每个人都有优点和缺点，有自己擅长的事情和不擅长的事情，所以你一开始射不准是没有人会嘲笑你的。你现在要勇敢，要敢于面对你现在做不到的事，然后改变自己的心态，克服内心的恐惧，尝试打败它，并且相信只要努力，你就可以做到。再说，今天你没有必要太在意结果，因为这本身就是一场游戏，没有人会太计较输赢，更不会有人会因为你没射准而嘲笑你。"

"好，我试试。"小卡尔闭上眼睛，深呼吸了几次，然后又拿起弓箭走上了场地。这一次他好像换了一个人一样，竟然连连射中靶心。听到伙伴们的欢呼和喝彩，小卡尔感到非常高兴，对射箭这件事也开始自信起来。

小卡尔在射箭这件事上受挫，因为害怕自己被同伴嘲笑，因而对射箭产生了恐惧。但是他越害怕就越做不到，越做不到越害怕，如此一来形成了恶性循环，小卡尔很难战胜困难，因为他没有用正确的心态来面对困难。卡尔·威特发现了小卡尔的问题，及时鼓励小卡尔，帮小卡尔找到问题所在，克服了心理障碍，最终小卡尔战胜了恐惧，直面困难，做到了自己原本以为不可能做到的事。

没有哪个人的成长可以一帆风顺，在孩子的成长过程中，困难是不可避免的。当孩子遇到困难时，产生害怕、逃避的心理是很正常的，作为家长，有责任和义务帮助孩子直面困难，克服对困难的恐惧，帮助孩子健康、快乐地成长。

夏天到了，学校开设了游泳课，很多同学都是兴高采烈的，小冉却闷闷不乐，因为她最怕水了。

上游泳课的时候，小冉以肚子痛为理由向老师请假，借此躲过了一节游泳课。但是，很快就要上第二节游泳课了。这次小冉不知道要拿什么借口来请假，放学后她皱着眉头回到了家里。

吃饭的时候，妈妈看着小冉忧心忡忡的样子，问道："你怎么啦？是学校里有什么不开心的事吗？"

"妈妈，下周又有游泳课了，我很害怕。我觉得我学不会。"小冉低着头说。

"你还没有学，怎么知道自己学不会？"妈妈说。

"但是我害怕水啊。我不敢下水，上周我就没有去上课。"小冉沮丧地说。

"上游泳课就是为了让你学习游泳的技能，所以你不用担心能不能学会的问题。你现在心里对水充满了恐惧，克服不了自己内心的恐惧。但是你要明白，你不能一直逃避游泳课，我也希望你能学习一项技能，游泳本身就是一项很好的运动，还可以锻炼身体。你要克服自己内心的恐惧，这样你才能越来越勇敢，越来越成熟。"妈妈认真地对小冉说。

"那我试试。"小冉对自己还是很不自信。

"其实游泳没什么可怕的，等你学会了，你就会知道它的乐趣。这样吧，明天我们去游泳馆，先找找感觉，带着游泳圈慢慢学，妈妈陪着你，好不好？"妈妈笑着说。

"太好啦，妈妈陪着我一起去。"小冉一听，顿时觉得有了底气，愉快地答应了妈妈。

案例中的孩子对游泳充满了恐惧，用逃避游泳课的方式来逃避自己内心的恐惧。妈妈向孩子解释了游泳的好处，教孩子学会直面困难，并且提出了陪着孩子一起学习游泳，以此来帮助孩子克服困难。妈妈的方法的确起到了很好的作用，在妈妈的陪伴下，小冉有勇气面对自己所恐惧的事情，并且尝试去克服困难。

当孩子面对困难时，家长的鼓励和支持对孩子来说是非常重要的。由于恐惧、自卑或者其他原因，孩子会不自觉地产生逃避心理。帮助孩子直面困难是战胜困难的第一步，但是孩子的内心是比较脆弱和敏感的，因此家长在帮助孩子的过程中，一定要非常注意方式方法，帮助孩子缓解紧张情绪，以平和、冷静和充满自信的心态来面对困难，战胜困难。这里有几点建议供各位家长参考，希望能对家长有所助益。

1. 家长要理解孩子的心情，不能简单粗暴地批评孩子。

有时候孩子所恐惧的事情可能在家长眼里太过简单，当孩子需要家长的帮助时，父母用一句话，例如"这有什么好怕的"，将所有问题一言以蔽之，甚至用打骂等粗暴的方式强迫孩子，这种方式反而会起反作用，加深孩子的恐惧和不安，更加无法正确地面对遇到的困难，克服困难更是无从谈起。所以，作为家长首先要对孩子表示理解，让孩子感受到父母的关心，能够在这种关爱中缓解紧张的心情，并在父母的鼓励下尝试直面困难。

2. 给孩子正确、合理的建议，帮助孩子一起克服困难。

在生活中，失败是在所难免的，所谓"未曾失败的人恐怕也未曾成功过"，这句话恰恰道出了失败对成功起到的积极作用。孩子由于心智发展还不成熟，经历和经验相对匮乏，与成年人相比遭遇失败和挫折的概率更高，在家长看来微不足道的一次失败，在孩子那里就可能是一次"心灵危机"。孩子可能尚未完全具备处理危机和走出困境的能力，需要家长的鼓励和帮助。当孩子遇到困难时，家长要给孩子一些正确合理的建议，帮助孩子一起渡过难关。

面对困难手足无措的孩子，最需要的是要掌握战胜困难的方法。家长就是给孩子提供方法、建议的引路人。首先，家长可以帮助孩子消除紧张、沮丧这些负面情绪，因为人在紧张和恐惧之中是不能对情况做出正确的判断的，而且孩子的恐惧更多是出于内心的畏惧，因此他们更需要克服自己的心理障碍，所以家长一定要用耐心、细心和信心，帮助孩子战胜自己的恐惧。其次，家长可以帮助孩子分析和解决问题，提出合理的建议和步骤，鼓励孩子勇敢尝试，只要跨出了第一步，孩子就已经前进了一大步。

3．家长的鼓励和陪伴是孩子克服困难的"助推器"。

孩子对家长的信任是发自内心的。当孩子面对困难时，父母的鼓励和陪伴是非常重要的，能够直接有效地平复孩子的心情，消除孩子的紧张和沮丧。所以，家长尽量要给予孩子温暖而充满爱心的鼓励和陪伴，给孩子加油打气或者给孩子一个温暖的拥抱、一个鼓励的眼神，都会成为孩子战胜自己、直面困难的勇气，给孩子力量，让孩子能够战胜困难，成为一个成熟、勇敢的人。

不过，孩子如果失败了，最好在其情绪稳定时再进行鼓励。孩子失败后，如果父母毫无顾忌地进行指导和干预，很可能会伤害孩子的自尊心，这样，孩子不仅不会接受父母的建议，还可能会因为自尊心受到伤害而产生抵触情绪。所以当孩子失败时，父母最好给孩子一段冷静的时间，注意把握时机，选择正确的时间和方式给孩子鼓励和指导，这样的鼓励更能深入孩子的内心，起到激励的作用。

家长要善于理解孩子的想法和行为

卡尔·威特的邻居向卡尔·威特抱怨道："我现在真的是没办法管教

我的儿子了。他的脾气比我还要大，一旦不能满足他的要求，就在家里大喊大叫，大发脾气，一点都不懂得尊重父母。都怪我没有好好教育他，小时候他一发脾气，我妻子总是顺着他，觉得他还小，长大了就会好。但是现在情况越来越严重，我根本无法管教他。"

看着痛苦的邻居，卡尔·威特只能表示心痛。卡尔·威特认为这是由于父母从小没有学会理解和尊重孩子造成的。正是因为父母不懂得尊重孩子，孩子也就没有尊重别人的意识，最后变得自私、贪婪、不尊重父母。即使是家人，也需要相互尊重和理解，这样才能让孩子学会尊重和理解别人。

小卡尔像所有的小朋友一样，也曾用哭闹的方式引起父母的注意，让父母满足自己的需要。有一次小卡尔想吃饼干，但是晚餐时间已经过去了，为了小卡尔的身体健康，卡尔·威特一般不会在晚饭后给他吃甜食。小卡尔看到索要无果，就开始哭闹。小卡尔的母亲看到小卡尔哭闹的样子，心疼孩子，想给小卡尔两块饼干。但是卡尔·威特坚决不同意，他认为孩子用这样的方式向父母施压，如果父母屈服了，就会助长孩子无理取闹的心理，以后孩子会变本加厉地要求父母。这对孩子的成长是极为不利的。

如果小卡尔在房间里玩耍的时候不小心打翻了水杯或者弄乱了桌子，卡尔·威特并不会批评孩子，因为他知道小卡尔并不是故意的。这时候卡尔·威特只是提醒小卡尔下次注意。

孩子的任何行为都不会无缘无故地发生。卡尔·威特认为，家长和孩子要学会相互理解和尊重，家长想教会孩子理解和尊重，首先要学会站在孩子的角度考虑问题，思考孩子行为产生的原因。卡尔·威特认为很多家庭中出现的诸如亲情淡漠、亲子沟通不良等情感问题，都是因为父母和孩子没有做到相互理解和尊重，所以不能起到很好的沟通效果。所以，家长不妨在对孩子的行为做出反应之前，多去尝试理解孩子的想法和行为。

在吃晚饭的时候，小洛和爸爸妈妈讨论起最近网络上热传的一则关于一个年轻人没有给老人让座而遭到网友"炮轰"的新闻。

小洛说："我觉得网友不应该批评那个年轻人。我认为他没有做错什么事。"

爸爸听到女儿的说法，感到有些意外。他一直跟孩子强调要学会尊老爱幼，现在女儿却有这种想法。爸爸并没有直接否定小洛的想法，而是反问道："为什么呢？"

小洛本以为爸爸会不同意自己的说法，甚至会批评自己，但爸爸并没有这样做，这让她心里轻松不少。于是她接着说："这个座位是年轻人的，让不让座是他的自由。如果他不愿意让座，人们也不应该批评他。再说了，都上了一天的班，他也很累，不愿意让座也很正常。说不定他身体不舒服，比老人更需要座位呢？虽然尊老爱幼是咱们中华民族的传统美德，给老年人让座是应该的，但是特殊情况特殊对待，也要体谅这个年轻人啊。"

"嗯，我觉得小洛说得对！让不让座是他的自由，网友不应该强迫别人，也不应该随意批评别人。如果真的有特殊情况，这个年轻人的做法是可以理解的。"爸爸看到小洛能够独立思考，没有人云亦云，敢于提出自己独特的见解，感到十分欣慰。

小洛发现爸爸能够理解自己的想法，能够尊重自己的意见，感到非常开心。

案例中的爸爸能够给予孩子充分的尊重和理解，愿意倾听孩子的意见，这对亲子之间的交流有非常大的帮助，爸爸鼓励孩子独立思考、勇于发言，对孩子的成长是很有好处的。所以家长一定要学会尊重和理解孩子的想法和行为。这里有几点建议供各位家长参考。

1. 不要将自己的主观臆断强加给孩子。

家长很容易在了解孩子的真实想法之前，已经用自己的主观臆断给孩子下定义了，认定了孩子的想法或行为的对错。一旦家长有这样的念头，就无法充分尊重孩子的想法，正确看待孩子的行为，得出的结论必然不是完全客观公正的，孩子也就无法感受到家长的尊重和理解。所以，家长一定要在了解孩子的想法之前，放下自己的既定判断，用平等的眼光看待孩子的想法和行为。

2. 倾听是尊重和理解孩子最直接的方法。

家长希望孩子能够听话，同样孩子也希望家长能够认真倾听自己说话，了解自己的内心想法。家长要了解孩子内心最真实的想法，就必须学会倾听孩子的心声，也要教孩子学会倾听。

夏永辉是一个贪玩的孩子，总是不听大人的话。

这一天，夏永辉又没听爸爸的话，因为贪玩而回来晚了。爸爸有些生气地问他："我不是说过让你早点回来吗？今天妈妈专门做了你最爱吃的炖牛肉，你竟然让大家等到你这么晚，牛肉你就别吃了。"

"啊？不要嘛，爸爸，我错了，我以后会听话的。"夏永辉扑过去抱住爸爸的胳膊，"谁让你们不告诉我今天晚上有炖牛肉吃？"

"妈妈明明告诉你了。"

"我没听到，肯定是你们说话的声音不够大。"

"哎，你这孩子，哪儿都好，就是耳朵不灵光！"妈妈走过来，忍不住调侃道。

其实，并不是妈妈真的认为夏永辉的听力有问题，而是夏永辉实在是不会倾听别人说话。只有对他来说重要的事情，他才会听，不重要的事情，哪怕和他说了十遍八遍，他还是会忘。

吃过晚饭后，小伙伴来找夏永辉玩，两个人拿着汽车玩具来回跑，可玩着玩着，夏永辉的爸爸妈妈就听到两个孩子吵了起来。

"辉辉，出什么事了？"爸爸推门进来，看见两个孩子扭打在一起，连忙走过去分开他们，"为什么打架？"

"他总在我耳朵边念叨来念叨去的，比妈妈还唠叨，不让我玩玩具。"夏永辉不服气地侧过了头。

他的小伙伴脸红通通的，梗着脖子解释道："我只是在和你说话，你不听就算了，还骂我多管闲事。"

"嗯？是这样吗？"爸爸问夏永辉。

"因为他说的全是废话。"夏永辉低下了头。

原来，小伙伴认为夏永辉玩玩具的方法比较暴力，会使玩具坏的速度加快，所以提了一些意见，夏永辉非但不听，还嫌小伙伴啰唆，骂小伙伴太笨。这才导致两个人最终扭打在了一起。

"小伙伴的话说得很对，他提的意见也很中肯，你应该听一听，为什么不听呢？"爸爸蹲下来，把夏永辉拉到身边问道。

夏永辉脸一红，小声说："我知道他说得对，就是……"

"被人指责后心情不好？害羞了？"

"有一点儿。"

"这没什么好害羞的，肯听人倾诉是件好事。"

"真的吗？"

"当然。"爸爸重重地点头说道，"你知道为什么咱们人长了两只眼睛、两只耳朵、两只手，却只长了一张嘴巴吗？"

"这有什么奇怪，每个人不都是长成这样吗？难道还有什么特殊的意义吗？"

"当然有。"这时候，小伙伴抢先回答，"我听爷爷说过，这是因为要让我们多看、多听、多做，还有少说话。"

"是这样的。"爸爸笑道，"所以，我们要学会倾听，听别人在说什么，看别人在做什么，这样才能学到更多的知识。"

"我知道了，以后我会多听大家说话的。"夏永辉红着脸点点头。

有的家长抱怨孩子不愿意跟自己分享他们内心的想法，甚至采用强制的手段来了解孩子。但是往往适得其反，孩子会更不愿意和父母分享自己的内心感受。这时候家长应该反思，是不是孩子最初跟自己诉说内心的想法时，父母没有认真地倾听和对待？是不是父母的行为让孩子感到失望，孩子才会选择不再和父母分享自己的内心感受？

家长给孩子理解和尊重的同时，也要让孩子学会理解和尊重别人。

家长给予孩子理解和尊重，一方面是为了让孩子能够顺畅地表达自己的想法，让孩子能够健康快乐地成长；另一方面是让孩子体会被别人理解和尊重的好处，让孩子学会理解和尊重别人，提高孩子的人际交往能力，让孩子变得更加成熟，将来能够更好地融入学校和社会。因此家长除了给予孩子理解和尊重，必须重视培养孩子理解和尊重别人的意识，让孩子逐步学会换位思考，在被理解和尊重的同时，也能学会理解和尊重别人。

让理想成为孩子前进的航标和动力

一天，卡尔·威特发现小卡尔蹲在院子里的小花园旁边很认真地在做着什么。他在小卡尔背后看了很久都不忍心打扰他。

原来小卡尔正在专心致志地拿着小木棍当画笔，在地上作画呢。小卡尔的画上有树木、花草，还有道路和玩耍的孩子。仔细一看，他画的植物和家里花园中的花还真的有很多相像的地方。卡尔·威特看到，虽然孩子画得并不是非常逼真，但是在这幅画中已经可以表现出这么丰富的素材，说明小卡尔是认真观察和思考过的。而且他画得非常认真，一点也没有随便画画玩玩儿的意思。

"卡尔，你画得真不错！"卡尔·威特忍不住夸赞他。

"画画真是一件有趣的事！我觉得当个画家会非常棒！"小卡尔听到爸爸的称赞，开心地说道。

"那你想当画家吗？"当卡尔·威特听小卡尔说画家很有意思时，他忍不住追问道。因为他觉得当孩子意识到自己想做什么时，是培养孩子理想的最佳时机。

"我不知道我会不会成为一个画家，我也不知道自己能不能画好。但是我现在很喜欢画画，我想我会认真画的。"小卡尔非常认真地说道。

卡尔·威特认为，小卡尔将来能不能成为一个画家已经不重要了，重要的是他现在有了自己的理想，并且下决心要为自己的理想努力奋斗。这才是最重要的。

卡尔·威特对小卡尔的培养是多方面的，他从来不会要求孩子做一个只读书的"书呆子"，而是从各方面入手，将他培养成一个多才多艺、全方面发展的人才。卡尔·威特不会强迫孩子学习不感兴趣的东西，他会让孩子自己树立目标，找到自己的理想，让理想成为激励孩子不断奋斗和努力的动力，让孩子将被动的学习变成主动的追求。一个孩子有理想，就等于有了前进的方向，就会从内心深处迸发出前进的动力。因此家长要做的，是帮助孩子建立目标、树立理想，而不是简单地命令孩子学习知识。

　　明明的爸爸妈妈发现朋友家的孩子都多才多艺，在学习之余都培养了一两个特长。为了陶冶明明的情操，丰富他的课余生活，明明的父母也想给明明报一个兴趣班。

　　一天晚饭后，妈妈征求明明的意见："明明，你有什么兴趣啊？你现在课余时间也挺多，可以报个兴趣班试试。"

　　正在吃饭的明明抬起头说："兴趣？我不知道我有什么兴趣。"

　　"怎么会没有呢？你仔细想想，比如你有什么理想，你以后想做什么，现在就可以早做准备啊。"妈妈继续鼓励他。

　　"以后想做什么？我没想过。等以后再说吧。"明明若无其事地说完，继续低头吃饭。

　　看到明明这样，妈妈感到一阵茫然。孩子怎么会对自己的兴趣爱好一点也不了解，对自己未来想做什么一点想法也没有呢？这样怎么培养他的兴趣爱好，怎么让他有更好的发展呢？

　　案例中的妈妈想给孩子培养兴趣爱好，但是孩子却对自己的兴趣爱好和理想丝毫不了解，或者说没有思考过自己未来的道路，这让妈妈感到担忧。没有理想的人生如同大海中没有航向的船只，只能随波逐流，没有前进的动力，一旦遇到困难和挫折，就很容易受到打击。

　　理想能够激发出孩子对学习和其他事物的兴致和激情，但是在生活中，有很多孩子缺乏理想，从而导致孩子终日无所事事、得过且过。

　　理想是一个人人生路上前进的航标。因为有了理想，我们才有了奋斗的目标，遇到困难不退缩，能够鼓起勇气战胜挫折。一个人从小具有清晰而明确的理想，更容易取得成功。因为理想让孩子明确自己的人生发展方向，集中精力向着目标靠近；理想让孩子将有限的精力和时间充分利用，迸发出最强大的力量。

家长如何帮助孩子确定人生理想，让孩子在理想的指引下顺利成长呢？这里有几点建议供各位家长参考：

1. 鼓励孩子寻找自己的理想。

父母应该主动和孩子沟通交流，了解孩子内心的真实想法。需要注意的是，如果孩子告诉父母自己的理想，即使孩子的理想在父母看来非常幼稚或者没有可行性，家长也不宜对孩子进行直接的否定，这样做会打击孩子的自信心，让孩子不敢将自己的内心想法告诉家长。家长应该尊重孩子的理想，并且鼓励孩子主动寻找自己的理想，只有在不断地接触和探索中，孩子才能发现自己的真正想要的是什么。

另外，家长不要把自己的意志强加给孩子，要让孩子选择自己喜欢做的事，找到自己的理想。

"儿子，你表弟去艺术学校学音乐了，你也学点儿特长怎么样？去学跳舞好不好？"饭桌上，妈妈试探着问儿子。

"男孩子跳什么舞啊？我不想去。再说这哪算特长啊，我去上艺术学校就意味着我以后就要靠这个吃饭了！"儿子坚决不同意。

"跳舞有什么不好？你看电视上那些男孩子舞跳得多好，再说你也有这身体条件，长相也好，说不定将来还能成名呢！"

"那就是吃青春饭，男子汉怎么能去卖艺？还是学技术好！"低头吃饭的爸爸开口了。

"技术好有什么用？不就是当个工人嘛，又脏又累的。你倒是学技术了，现在不也没干成什么大事吗？"妈妈反驳道。

"你……"

"再说跳舞怎么不好了，看人家跳两步就能挣钱，工作环境也好，再说即使不成名，以后也可以当舞蹈老师嘛！儿子听我的，学跳舞去！"

爸爸妈妈为儿子学什么特长争吵起来。

"你们别吵了，也不问问我喜欢不喜欢。我现在才上初一，让我好好上完学行不行？你们说的我都不想学！我有我自己想做的事情，也有自己的理想。"儿子气愤地摔下筷子起身离开了。

家庭中不乏如此"包办"的父母，他们都有望子成龙的心，却常常活在自己的幻想中，希望孩子能按照他们的意愿去成为一个"完美"的人。爱孩子没有错，错就错在过于急切和盲目。家长往往认为自己的决定是完全正确的，可是人生无对错之分，只有不同的选择，孩子的人生应该由他们自己来做主，父母是无法替代孩子决定的。因此，家长要鼓励和支持孩子选择自己的理想，不要把自己的意志强加给孩子。

2. 让孩子在兴趣中树立理想。

兴趣是最好的老师。有些家长不了解孩子的实际情况和兴趣爱好，把自己的喜好和意愿强加到孩子的身上，而不是去支持孩子实现自己的理想。这使孩子产生了逆反和排斥心理，认为既然不是去实现自己想要实现的理想，何必去努力，自然也不会有斗志。

家长应该了解孩子的兴趣所在，只要是正当的、无害的兴趣都应该给予包容和支持。在培养孩子的兴趣的同时，家长可以对孩子因势利导，有意识地引导孩子产生理想的火花，使孩子的兴趣与理想达成一致，以此来诱导孩子树立自己感兴趣并可以为之奋斗的理想。

3. 为孩子理想的实现创造条件，提供引导。

家长不可能代替孩子树立目标、实现理想，但孩子在树立目标、实现理想的过程中，家长的帮助和引导是不可或缺的。家长可以经常给孩子讲一些名人成才的故事和人物传记，以此来引导孩子树立远大的理想。同时，对于孩子一些危险和不成熟的想法，家长要及时阻止，提供帮助，把孩子带回正途。

在孩子树立了正确的理想以后，家长要给孩子创造条件。比如，如果孩子想成为画家，家长可以为孩子提供绘画工具，报绘画学习班；如果孩子想成为医生，家长可以带孩子去医院了解医生的工作。家长要帮助孩子找到实现理想的途径，并且鼓励孩子为了实现理想而不断奋斗。

理想是一个人在学习、生活、事业中，所追求的最长远、最高的目标，它是在人们学习和生活的实践过程中逐渐形成的。儿童时期，是一个人理想的萌芽时期，对孩子理想的形成起着至关重要的作用。

值得注意的是，孩子的理想往往过于宏观或空洞，而这样的理想很难在短期内实现，甚至有时候会让孩子感到无从下手，慢慢地孩子看到自己的理想难以实现，就会产生挫败感，甚至对自己的丧失信心。这样的后果是非常严重的。所以家长要及时帮助孩子调整心态，帮助孩子将一个远大的理想分割成一个个清晰、明确的阶段性理想，这样孩子就不会觉得理想遥不可及、难以实现，也会树立起信心，为自己的理想努力奋斗。

教育孩子要根据环境选择方法

卡尔·冯·路德维西是一个典型的天才，他在学习方面有着超越常人的天分，他的父亲是一位数学教授，于是从小教他学习数学。孩子也没有辜负父亲的期望，只用了短短几年就完成了小学、初中的课程，高中也是连连跳级，11岁的时候已经进入大学学习数学。

当所有人都以为卡尔·冯·路德维西会成为一个世界级数学大师时，他却在升入研究生一年后转而学习法律，毕业后找了一份办事员的工作，碌碌无为地度过了一生。

导致出现这个悲剧的原因是他的父亲不恰当的教育方式。为了让孩子能够早日功成名就，父亲从小就对他进行严格的教育。除了数学，他所喜欢的体育、音乐等一律不许接触，因此从小就在他心里留下了非常严重的阴影。最后让他对数学完全失去了兴趣，人生也变得黯淡无光。

卡尔·威特用这个故事告诉我们，正确的教育方式对一个孩子的成长是多么重要。不恰当的教育方式完全可以毁掉一个天才，而正确的教育方式可以让一个平凡的孩子取得很大的成就。除了教育方式，孩子的成长环境也对孩子有着重要的影响。

【案例1】

香香是一名初中生，不仅长得漂亮可爱，学习成绩也很棒，因此不管是在学校还是在家里，都很讨人喜欢。但是不知道为什么，这次考试香香的成绩却下滑了很多，香香的父母完全不能接受这个事实，一定要让她解释清楚这是怎么一回事。

"你最近都在干什么？我们辛辛苦苦供你上学，你就拿这样的成绩让我和你妈丢脸？从明天开始，你别出去玩了，什么时候成绩提高了，什么时候再出去玩。"爸爸把成绩单摔在香香的脸上，狠心地说道。

香香一脸的委屈，眼里含着泪对爸爸说："爸爸，我只是一时大意，下次我会考好的。"

"那就等你下次考好了再说。为了不让你偷懒，从明天开始我会亲自监督你。"爸爸说完，转身就要走，香香赶紧追过去说道："可是我已经和同学们约好了，明天要一块儿出去玩……"

"成绩这么差，你还有脸玩？不准去！留在家里复习功课。"说完，爸爸不再听她说话，扭头回了书房。

香香站在原地，越想越觉得难过，最后忍不住哭了起来。她只是一时失利，爸爸为什么只看到她这次的坏成绩，而没想起她平常的好成绩呢？既然这样，还不如一直坏下去。

看着爸爸离去的背影，香香心里有了主意："明天照样出去玩，而且我以后再也不认真学习了。"

【案例2】

红红父母在城里买了新房，一家人搬进城里。城里高楼林立，让从小在乡下轻车熟路的红红有些发蒙，所以自从住下来，红红就很少出门。

这天，妈妈让红红去菜市场买点儿菜，"红红，你去帮妈妈买点菜吧！坐小区门口的公交车到三台子站，再转一趟255公交车就到了。"妈妈交代红红说。

"好的。"红红有些忐忑，因为城里不比乡下，但她还是答应了。

妈妈并没有发现红红的变化，她在妈妈眼里从来都是一个自信大胆的姑娘。

"妈，我回来了。"中午，红红带着买的菜回来了，表情闷闷不乐。

"怎么去这么久啊？你是不是又到处瞎逛了？"妈妈埋怨道。

"我没有啊，我找不到公交车站，耽误了很长时间。"红红说。

妈妈也没在意，看了看买的菜，不满意地说："你买的黄瓜怎么这么贵？感觉量也不够。"

"妈，人家看我是外地人，故意欺负我，我能怎么办？要不然，你自己去。"红红说。

"那你就跟他理论，不买也可以。"妈妈说。

"既然知道我不会买，干吗还让我去啊？"

"哎，你这孩子怎么了？你以前可不是这样的，现在怎么变成这样了，让你多见见世面还不好吗？"妈妈说。

"有什么好的，在学校同学们嫌我土，看不起我，出去买个菜也被人另眼相看，城里一点儿都不好！"红红不开心地说道。

第一个案例中的香香爸爸对孩子的教育方式有问题，没有做到和孩子平等地交流沟通，而是用粗暴的方式主观臆断孩子成绩下降的原因，最后导致父女的关系受到影响。第二个案例中的妈妈忽略了生活环境对孩子的影响，没有及时对孩子进行心理疏导，帮助孩子适应从农村到城市的生活环境的变化，最后让孩子的自信心受到了打击。

瑞典作家爱伦·凯说："环境对一个人的成长起着非常重要的作用，良好的环境是孩子形成正确思想和优秀人格的基础。"对孩子而言，成长环境无疑对孩子的未来有着潜移默化的作用。环境不是一成不变的，当成长环境变了，教育方法应该与时俱进，这样才能跟得上孩子成长的步伐。然而，今天很多父母对孩子成长环境的认识不足，家庭教育没有紧跟环境的变化，导致孩子出现了叛逆、厌学、逃学等不良思想和行为，也使亲子关系变得紧张。这里有几点建议供各位家长参考：

1. 打骂不是正确的教育方式，家长不要用打骂的方式影响亲子关系。

用打骂的方式对孩子进行教育，其实是非常不合适的，也是比较失败的一种教育方式。"到底该不该打孩子"这个问题在社会上存在很大的争议。一部分家长觉得"棍棒底下出孝子""不打不成器"，所以在生活中动辄就对孩子进行训斥或是体罚孩子；还有一部分家长认为打骂孩子的教育方式是不正确的，可是又不知道该怎样对待不听话的孩子，往往因为控制不住脾气动手打了孩子，之后又开始自责。

家长和孩子沟通时一定要注意自己的语言，要和孩子尽量平等地进行交流，让孩子感受到尊重和重视，这样孩子对父母的意见比较容易接受。如果父母能够平等地对待孩子，学会尊重孩子，那么孩子就能学会尊重别人，和别人沟通交流时也会更加容易。

在生活中，还有很多家长由于对孩子抱有过高的期望，所以不允许孩子犯错，当孩子达不到家长的标准时，就用体罚的方式惩罚孩子。过于严厉地要求孩子，不仅会影响孩子的身心健康，还有可能引起孩子的抵触心理——反正怎样都会挨打，索性不学了。所以，家长要想让自己的孩子听话、少犯错误，首先要端正自己的态度，不要过分地苛责孩子，以免产生副作用。

2. 教育方式要和教育环境同步。

一个人所处的环境和后天所受的教育对其成长有着直接或间接的影响。如今很多家长在尽全力为孩子提供良好的生活和学习条件时，却忽略了生活环境变化对孩子的影响。当环境发生变化时，教育的方式也要随之发生变化。上文故事中从农村到城市这一家庭环境的改变影响了孩子的性格就是一个很好的例子。良好的家庭教育环境是孩子健康成长所必需的"土壤"。当环境改变了，父母也应该及时调整教育策略，给予孩子最需要的帮助。

3. 教育方式要和社会大环境一致。

社会大环境也是孩子成长的环境之一，家长对孩子的教育也不能脱离社会环境。中国社会发展对人才的要求越来越高，越来越看重人的综合素质和创新能力。但是这种大环境的变化却被越来越多的父母忽视了，他们仍旧沿用以前偏重智力发展的陈旧教育方法，单纯重视孩子的文化课成绩，而忽略了孩子其他方面的发展，这对孩子的长远发展是不利的。

耐心对待孩子的错误

一天傍晚，小卡尔在模仿古代骑士玩耍时，不小心把邻居花园里的一盆花砍倒了。他没有注意到父亲卡尔·威特正站在一旁看着他。

卡尔·威特没有立刻出现在小卡尔面前，而是静静地观察小卡尔之后的反应。

小卡尔见邻居没出来，转身想跑，这时，卡尔·威特阻止了小卡尔。

小卡尔本以为自己会遭到责骂，但是出乎意料的是，卡尔·威特并没有大声责骂小卡尔，而是耐心地跟小卡尔讲道理。

卡尔·威特告诉他，犯错误是人之常情，即使不是有意的，也要勇于承担自己的错误，不要觉得道歉很难为情，也不能因为没人发现就逃避责任。

小卡尔崇拜骑士，于是卡尔·威特就用骑士精神来教育小卡尔，告诉小卡尔要像骑士一样，做一个勇敢的人，并且对自己的行为负责，不管那些行为是有意的还是无意的。

小卡尔听后很羞愧，他决定要做一个勇敢诚实的好孩子。于是，他敲开邻居的门，向邻居道歉："对不起，我不小心弄坏了您家的花盆。"邻居听完了小卡尔的道歉后，非但没有责怪小卡尔，还向卡尔·威特夸赞小卡尔真是一个诚实的好孩子。

当小卡尔犯错时，卡尔·威特没有冲着孩子大喊大叫，而是耐心地引导孩子正确认识到自己的错误，从而改正错误。这样既保护了孩子的自尊心，又教育了孩子。

在现实生活中，有些家长对孩子没有耐心，经常在孩子犯错时责骂孩子，但是责骂并不能让孩子改正错误。当时孩子可能因为恐惧暂时改正了错误，但是，如果不向孩子耐心地解释清楚错在哪里，孩子就无法从根本上改正错误，这就违背了家长最初的意愿。因此，家长不要通过责骂孩子来解决问题。

正在上幼儿园的小亮是独生子，爸爸妈妈平时对他都百依百顺。

小亮一天天长大，他渐渐迷上了画画。父母觉得可以培养他这个爱好，便给他买了画画工具，准备送他去学画画。

学了画画的小亮不再拘泥于只在画板上画画了，似乎在他的眼中，家里的任何地方都可以成为他的"画板"。

一开始，小亮只是在自己的衣服上画画，经常把衣服搞得脏兮兮的。父母一开始认为这没什么，他们觉得只要孩子喜欢，多洗几次衣服也无妨。

久而久之，小亮不满足于在衣服上画画了，开始在家里的墙壁上涂鸦。原本干净的墙壁被小亮弄得乱七八糟的。

小亮的妈妈很生气，终于，妈妈的脾气"爆发"了，她对着小亮劈头盖脸地数落了一顿。

妈妈的责骂让小亮感到恐惧又陌生，小亮哭着跑回了自己的房间，心情变得很压抑。

俗话说："棍棒底下出孝子。"有人认为用棍棒教育出来的孩子都是优秀的孩子，事实并非如此。孩子犯错时，家长一味地责骂并不能从根本上解决问题，甚至有时候还会引起更严重的问题。而且，家长的责骂会造成孩子的心理恐惧，如果家长在孩子犯错时经常责骂孩子，孩子以后做事可能会变得唯唯诺诺，对家长言听计从、没有主见。当然，也有可能激发孩子的逆反心理，孩子会故意和家长"唱反调"。总之，这两个极端现象对孩子都是不利的。

也许还有许多家长像小亮的妈妈一样无法控制自己的脾气，在孩子犯错时，首先想做的就是责骂孩子，但是仔细想想，家长只顾发泄自己的情绪而不考虑对孩子造成的后果，这对孩子是不公平的。况且责骂还会对孩子产生消极的影响，这种无益于孩子也无益于自己的教育方式也许早就应该被舍弃了。下面有几条建议供家长参考.

1. 家长要耐心地向孩子讲道理。

"人非圣贤，孰能无过"，更何况是小孩子。孩子犯错误时，家长不要急于去批评和责备孩子，更不要责骂孩子，伤害孩子的自尊心，要耐心地向孩子讲述其中的道理，告诉孩子他为什么犯错、错在哪里，直到孩子明白为止。孩子明白了其中的道理之后，就不容易再犯相同的错误。

2. 制定合理的惩罚规则，让孩子心甘情愿接受处罚。

孩子犯错时，有时仅仅通过讲道理可能无法说服孩子，这时，制定合理的惩罚规则是很有必要的。很多孩子在犯错后不愿意接受惩罚，所以家长可以提前制定好惩罚制度，让孩子甘愿对自己所犯的错误负责。当然，惩罚制度一定要合理，不能伤害孩子，要让孩子能够接受。这些惩罚规则有助于约束孩子的行为，也能给孩子一个教训，使孩子不再轻易犯错。

3. 教孩子学会从错误中吸取经验教训，减少重复犯错的情况。

　　餐桌上，五岁的小明第一次尝试着用筷子夹菜，以前他都是用勺子。他笨拙地夹到了菜，小心翼翼地递到嘴边，但是菜还是掉到了桌子上。他连续试了几次都不成功，还把桌子上弄得全是菜和油。

　　爸爸见状有点儿生气，想要责备小明，但是转念一想，小明弄脏桌子是因为不会使筷子，如果教会了他使用筷子的方法，这样的错误就不会发生了。

　　于是爸爸耐心地教小明使筷子，小明终于可以开心地用筷子夹菜了。

孩子可以犯错，但是如果重复犯同一个错误，那就是家长教育方式的问题了。再一再二不能再三，相同的错误一直犯就等于没有进步。因此，孩子犯错后，家长要像小明的爸爸一样，不能只想着教训或责怪孩子，要让孩子从错误中总结经验，减少犯错的情况，这样孩子才能不断进步。

第六章

培养能力，
让孩子拥有真正的智慧

爱提问的孩子更优秀

卡尔·威特为了解决诸如节日庆祝、游玩、请客等一些家庭问题，会在家里举行家庭会议。每个家庭成员都可以发表自己的意见或者提出问题。当然，小卡尔也不例外。

小卡尔认为，家里应该定期举行野炊，于是卡尔·威特就让小卡尔来做全家野炊活动的"总指挥"，决定野炊的地点、需要的食材等。当然，有时候小卡尔难免有考虑不周的时候，或者提出一些不合适的问题，但是卡尔·威特夫妇并没有直接对孩子进行否定，而是采用表决的方式表达不同的意见，然后委婉地指出小卡尔存在的问题。这样一来，小卡尔并没有不被尊重父母的感觉，即使他提出的问题并没有得到父母的认同，但是父母依然给予他充分的尊重，并且指出他存在的问题，帮助小卡尔改进。小卡尔在一次次的家庭会议中成长得越来越快、越来越好。

小卡尔也会追着卡尔·威特不停地问一些"千奇百怪"的问题，卡尔·威特并不认为这是一件烦人的事，也不会为了忙自己的事而敷衍甚至责骂小卡尔，始终非常耐心地引导小卡尔思考，帮助孩子寻找答案。

卡尔·威特认为家庭成员之间的沟通和理解非常重要，尤其是当孩子提出问题时，父母一定要给予孩子充分的尊重和理解。这对保护孩子的求知欲和探索精神具有非常重要的意义。大多数的父母往往认为回答孩子的问题是浪费时间，或者认为孩子的问题是没有用的"胡思乱想"，粗暴简单地拒绝孩子，这种做法其实是很不恰当的。

嘉嘉今年6岁，是个聪明伶俐的孩子，尽管她刚上小学，但是对周围事物都有强烈的好奇心，而且喜欢思考。

一天，天气非常闷热，黑压压的云正在天空中翻滚，一场大雨眼看就要来临了。嘉嘉回家时经过楼道，看见楼道的墙壁上渗出许多水珠。嘉嘉觉得不可思议，心想墙壁为什么也会"出汗"呢。

还没进家门，嘉嘉就兴奋地追着妈妈问："妈妈，我看到墙壁竟然'出汗'了，这是为什么啊？"

"因为天气太热了嘛！"妈妈正在卫生间打扫卫生，头也没抬地说。

"可是，墙又不能像人一样感知温度，怎么天热了就会'出汗'呢？墙上的水是怎么来的呢？"嘉嘉感到非常不解，追着妈妈提问，一副"打破砂锅问到底"的劲头。

"你先等一会儿，我正忙着呢，回头再跟你说吧。"妈妈说。

"妈妈你现在就跟我说说吧，墙上的水是从哪里来的呢？"嘉嘉还是兴趣十足地追着妈妈问。

"你哪来那么多问题啊？小小年纪乱七八糟想什么呢？你自己去想，看不到我正忙着吗！"妈妈不耐烦了，粗暴地拒绝了嘉嘉。

嘉嘉感到非常委屈："我就是因为自己不知道才问你嘛。"妈妈的态度让嘉嘉觉得没有得到妈妈的尊重和理解，也因为这样，嘉嘉就算遇到问题也不愿意问妈妈了。

案例中的孩子有着非常强烈的好奇心，并且善于观察和发现，对于生活中的各种现象能够积极思考，遇到不懂的问题追着妈妈问个不停。但是妈妈却没有正确理解孩子的想法，反而认为孩子整天思考一些乱七八糟的问题，并拿这些问题来烦自己，因此粗暴地拒绝了孩子。因为妈妈不恰当的行为，孩子的自信心和兴趣都受到了打击，同时让孩子觉得自己的想法不被妈妈尊重和理解，失去了积极探索的兴致。这对孩子的成长是很不利的。

著名教育家陈鹤琴曾经说过："好奇的动作是小孩子得着知识一个最紧要的门径。"在好奇心的驱动下，孩子愿意不断地接触新的事物，敢于向新事物挑战。孩子的奇思妙想正是他们智力发展的动力，也是他们敢于探索新知、敢于创新的动力。强烈的好奇心能使孩子产生学习的兴趣，进而从学习中体验到乐趣，热爱学习，并且主动学习。父母是孩子们的启蒙教师，应该真诚地对待孩子提出的每一个问题，千万不要将孩子们的奇思妙想轻易地"打入冷宫"，因为孩子勇于创新、敢于求异的灵感火花正是智慧的源头。因而，父母都应该认识到，在日常生活中尊重和呵护孩子的奇思妙想是很重要的。

当孩子向父母提出问题时，家长如何做好孩子的"百科全书"和引导者呢？这里有几点建议供各位家长参考：

1. 尊重孩子的"发言权"，允许孩子发问。

父母应该尊重和保护孩子的"发言权"，允许孩子向父母提出问题。当孩子向父母提出问题时，家长首先要从思想上重视孩子的发问，表现出认真的态度，让孩子感受到自己是被父母重视和在意的，从而大胆地说出自己的想法，提出自己的问题。即使孩子提出的问题是错误的，家长也不宜直接对孩子提出批评，或者粗暴地告诉孩子"不要再问这种没有意义的问题了"，这会对孩子的积极性造成很大的打击。

2. 鼓励孩子大胆提问，积极思考。

当孩子向父母提问时，父母在尊重孩子的基础上，可以进一步鼓励孩子提出更多的问题。多提问题可以鼓励孩子开动脑筋，帮助孩子进行更深层次的思考。

刚上初中时，王萌萌的成绩很一般，每次做题的速度很慢。老师看到她做题，就连连摇头，觉得这个女孩肯定考不上好的高中。

但是到初三的时候，王萌萌的成绩进步得飞快，最后竟然考上了市里的重点高中，老师和同学们都感到很惊讶。

王萌萌最好的朋友却一点也不惊讶。原来王萌萌是一个非常喜欢思考和钻研的女孩，以前做题很慢，是因为她把时间都用在了思考上。

王萌萌经常会问自己："答案为什么是这个呢？"然后就不断地思考和演算，总要把问题弄个水落石出才罢休。这种"水落石出"式的学习方法虽然让她的成绩进步很慢，但却让她对学习产生了浓厚的兴趣。在求知的过程中，深入探究已经成为她的乐趣。凭着这份好学的热情，她终于取得了突破性的进步，最后以全市第一名的成绩考入了市里最好的高中。

从上面的事例中不难看出，学会思考和提问对孩子的成长有着重要的意义。因此，当孩子对新奇的事物提出问题时，父母应该认真地倾听，并加以引导，尽可能地让他们自己寻找答案。比如鼓励孩子主动到图书馆查资料、记笔记、到网上查资料等。保护孩子的奇思妙想，孩子就敢于提出一些"不着边际"的问题。希望教师和父母都记住："大人一句赞赏的话语，往往可以造就出一个奇才。"

3. 如果家长没有时间和精力立即帮助孩子解答问题，要向孩子说明情况。

家长有时候确实比较忙，没有办法立即对孩子做出回应。在这种情况下，家长也不应该粗暴地拒绝孩子，而是应该向孩子说明情况，告诉孩子现在自己有更重要的事要做，等父母忙完了再给孩子解答问题。这样孩子不会觉得自己被父母忽略或者冷落，同时还能学会理解、体谅父母，孩子的求知欲和好奇心也没有受到伤害。总而言之，家长要和孩子及时进行沟通，说明情况，做到相互理解。这样才能帮助孩子更好地成长，让亲子关系更加亲密。

鼓励孩子自己的事情自己做

卡尔·威特在小卡尔很小的时候，就鼓励小卡尔做一些自己力所能及的事情。小卡尔2岁时，有客人来家里做客，饭后，妈妈开始收拾桌子。小卡尔跟在妈妈身后，帮妈妈收盘子。客人见到想要阻止，怕这么小的孩子把盘子摔碎了。卡尔·威特却称赞道："小卡尔很棒，帮了妈妈很大的忙呢！"

在卡尔·威特的鼓励下，小卡尔更加积极主动地做一些自己能够做到的事情。小卡尔每天起床都会自己穿衣服，刚开始小卡尔总是把衣服穿反，或者扣错衣服的扣子。当小卡尔走出房间时，总会显得十分滑稽。但是卡尔·威特和妻子从来不会因此嘲笑小卡尔，他们总是告诉小卡尔："你已经做得很好了，只要把这个扣子重新扣一下就完美了。"然后，他们一遍又一遍的教小卡尔将衣服穿好。小卡尔还会自己收拾房间，虽然小卡尔在房间里忙活了大半天，房间看上去还是乱糟糟的。小卡尔帮妈妈拖地时，弄得地板上到处都是水，妈妈还要帮小卡尔收拾残局。但是小卡尔帮妈妈拖地时，妈妈并没有阻止他，而是耐心地教小卡尔一些方法，让小卡尔把事情做得越来越好。

无论小卡尔将事情做得多糟糕，卡尔·威特都不会打击小卡尔的自信心，他一直鼓励小卡尔不断尝试，培养小卡尔不怕犯错的勇气。在尝试的过程中，小卡尔经常会遇到一些问题，卡尔·威特总是让小卡尔自己想办法解决。在这样的环境下，小卡尔觉得做好自己的事情是自己的责任，做完了事情，获得了成就感，增强了信心。

小卡尔在自己动手的过程中，不断地摸索和锻炼，不但提高了自理能力，而且积累了生活经验，学会了多种技能，学会了解决问题，增长了才干，所以步入社会后适应能力也很强。卡尔·威特在教育小卡尔时，一直以鼓励为主，他不会因为小卡尔能力差就不耐烦或者直接让小卡尔放弃。有些家长因为孩子刚开始做自己的事情时，总是会犯很多错误，便干脆帮孩子把事情做完，以后也不让孩子尝试做这些事情。这样不但不能锻炼孩子的能力，反而会打击孩子的自信心，甚至让孩子养成懒惰的性格。

当孩子自己动手遇到一些问题时，家长应该鼓励孩子自己想办法。在这个过程中，家长要让孩子学会自己选择，孩子在小时候做出的选择越多，长大后就可能越有主见，将来的选择能力也越强。他的选择可能很糟糕，但是要让孩子在犯错误的过程中成长。孩子从小需要有独立做决定的机会，这对形成独立的判断和思考都非常有帮助。

如果孩子在做某些事情时遭遇了失败，这并不表示孩子不行，而是孩子缺少经验和技巧。孩子尝试做自己的事情时，重要的是不断摸索，在失败中吸取经验和教训。以后，孩子可能会在社会中遇到很多困难，如果孩子从小就懂得直面失败，敢于尝试，不怕失败，从失败中寻找方法，那么，孩子就能更好地融入社会，不会因为遇到挫折就轻言放弃。

家长在鼓励孩子做自己的事情时，也要让孩子做好详细的规划，安排好自己的时间。让孩子在完成计划之后，有时间发展一些自己的兴趣。从一些小的规划开始，孩子做起事情来会变得越来越有计划，避免做事情太过于拖拉。这样，以后无论是在学习还是生活中，孩子都会更加高效地完成任务。

朵朵是一个活泼可爱的小女孩，十分惹人喜爱。在朵朵上幼儿园时，老师教育小朋友们："自己的事情要自己做。"于是朵朵回家后，便提出帮妈妈一起洗菜，妈妈听了以后非常高兴，手把手教了朵朵一些技巧后，便去准备一些做饭用的其他材料了。等妈妈回来后，却发现朵朵不但没有把菜洗干净，还把衣服给弄湿了。妈妈赶紧带着朵朵去换衣服。

这时爸爸回家了，见朵朵这个样子，便对妈妈说："这么小的孩子能做什么事呀？还是让孩子玩游戏去吧，别让她干这些事。"妈妈也嫌朵朵做事情笨手笨脚，不让朵朵进厨房。

饭后，朵朵想自己整理房间，却把衣柜弄得更乱了，桌子上的物品也摆放得特别混乱。妈妈进房间给朵朵送牛奶时，就问朵朵："你在干什么？把房间弄得乱七八糟的。"

朵朵骄傲地说："我在整理自己的房间。"

"你这哪里是整理房间啊，怎么还越弄越乱了？待会儿我还得重新再整理一遍。"妈妈抱怨道。

朵朵阻止妈妈："我们老师说了，自己的事情要自己做。我自己可以整理好自己的房间，不需要你们帮忙。"

"等你以后长大了再说吧，现在你就不要再捣乱了，喝完牛奶就睡觉吧。"妈妈说着把牛奶递给朵朵。

从此以后，朵朵每次想帮爸爸妈妈干活儿都会被阻止。爸爸妈妈把朵朵的一切事情都包办了。等到朵朵上小学了，妈妈才发现，朵朵什么都不会干，虽然上小学一年级了，却连小手绢都不会洗。而且朵朵变得越来越懒，上学路上从来都不愿意背书包，一直要爸爸帮她背着，什么事情都要别人帮她准备好。

朵朵做事情越来越拖拉，而且还总是喜欢推卸责任。上课迟到了，她就埋怨妈妈："都怪你，没有及时把我叫起来"；课本忘带了，她怪妈妈没把书装到书包里；考试没考好，她说同桌上课爱说话，影响了自己。

"孩子怎么会变成这样？"妈妈很困惑。

在上述故事中，朵朵本来十分积极地学习做自己的事情，但是爸爸妈妈却因为朵朵刚开始动手的时候做不好，而直接拒绝了朵朵，不再给朵朵尝试的机会。朵朵从小没有得到锻炼，自然什么事情都不会做。爸爸妈妈什么都为朵朵包办了，剥夺了她主动学习的机会，同时也让朵朵逐渐养成了依赖父母的坏习惯。在这种情况下，朵朵变得越来越懒，没有养成负责任的习惯，一切都要让别人为自己准备好。因此，家长应鼓励孩子把事情做好，而不是一味地嫌弃或指责孩子的能力不行。关于如何教孩子学会自己的事情自己做，这里有几点建议供家长参考：

1．教孩子做自己力所能及的事情。

首先要了解哪些是孩子自己能做到的事，这可以从孩子的年龄来考虑。较小的孩子可以从自己吃饭、漱口、擦嘴、洗手、擦鼻涕、独立上厕所开始；随着年龄的增长，逐渐让孩子自己学着扣纽扣、穿衣服、脱衣服并能叠放整齐，自己学着穿脱鞋袜、系鞋带；年龄稍大的孩子可以学着独立收拾、整理房间，保管好自己的东西，比如，将桌椅擦干净、叠被子、收拾玩具、整理图书、洗自己的手帕和袜子，等等。

2．不对孩子提过多的要求。

孩子不是大人，没大人那么多的经验，做起事来自然常常并不完美。孩子自己洗脸，可能会把衣领弄湿；自己收拾桌子，可能会将书堆得东倒西歪；自己穿衣服，可能会穿反。这都没关系，孩子总会慢慢长大，这些事情会越做越好。如果要求孩子把这些事情做得像大人一样好，就会挫伤孩子做事的积极性。

3．给孩子选择权，并尊重孩子的选择。

要让孩子做事，就要给孩子选择权，并尊重孩子的选择，培养孩子从小学会自己拿主意、自己做主。孩子慢慢地学会在日常生活中自己做决定，自己安排做某件事的时间，不会事事都依赖大人提醒、督促。比如，不要在孩子看书时要求他马上去洗澡，而是让他选择："你是现在去洗澡呢，还是等一下看完书再去？"一旦孩子做出选择，家长就不要再提和孩子的选择相悖的要求，那样孩子会觉得有挫败感，觉得大人根本就不关心自己的想法，慢慢地就没有兴趣自己拿主意了。如果孩子自己没有主意，往往需要大人操更多的心。

告诉孩子眼睛看到的未必是真相

有一天，卡尔·威特一家和邻居伍德里莱一家到纽曼河边野餐。由于天气特别好，纽曼河边已经有很多人在那儿起火做饭了。

经过一番准备，他们一行人搭起了临时餐桌，坐了下来。这时，一个胖胖的中年男人向他们走了过来，一边走一边笑着向每一个人打招呼。小卡尔礼貌地为这位满脸笑容的客人起身让座。客人笑着对小卡尔道谢，准备在那把椅子上坐下来。这时，伍德里莱先生突然粗暴地大声呵斥客人，让客人马上走开。客人虽然受到了极不礼貌的对待，但他还是保持着笑容离开了。

那位客人走后，小卡尔却不开心了。小卡尔一直生气地瞪着伍德里莱先生，因为他对客人太不友好。卡尔·威特注意到了小卡尔的情绪变化，便对小卡尔讲述了一些关于刚才那位客人的一些事情。原来，那位客人是一个游手好闲的懒汉，无所事事，到处混吃混喝，借了别人的钱从来不还。

尽管卡尔·威特告诉了小卡尔这些情况，小卡尔还是半信半疑，没有搭理伍德里莱先生。卡尔·威特依然耐心地跟小卡尔讲道理："这个世界上有些事情跟它表现出来的样子并不相同，你所看到的不一定是真的。有些人美丽、温和、对人亲切，却不能表示这个人一定是好人。同样，有些人看起来凶巴巴的，却不一定是坏人，就像我们的伍德里莱先生。这个世界很复杂，你不能凭借表面的印象做出判断。"

小卡尔更加困惑了，他对卡尔·威特说："你之前不是告诉我，这个世界上有很多好人吗？"卡尔·威特笑着告诉小卡尔："孩子，这个世界上有很多好人，但也会有一些坏人。你不要忘了，阳光之下也会有阴影。"

小卡尔没有再说话，他一边吃东西一边思考。过了很久，小卡尔突然对卡尔·威特说："我明白了，在今天美好的阳光下也有阴影，就像那位客人。"卡尔·威特最后告诉小卡尔："他不值得你帮助。"

帮助别人是一种美德，我们都希望自己的孩子善良、热心、乐于助人，成为一个有美德的人。但是，究竟什么人值得我们帮助，什么人不值得帮助？这是一个很重要的问题。在生活中，一些好心人在这方面的判断力较弱，在帮助了他人后不但没有得到相应的回报，还会受人欺骗。卡尔·威特通过上面这个故事告诉小卡尔，人们看到的都不一定是真相，这个世界上有好人也有坏人，我们不能凭借表象就判断出一个人的好坏。让孩子学会做理性的判断，才能避免以后轻易被他人蒙骗。

在孩子的眼中，好人和坏人的界限分明，好人总是慈眉善目，坏人都是凶巴巴的。缺少理性和判断力的孩子，只是靠看上去像不像来分辨一个人的好坏。这样很容易让坏人有可乘之机，他们使用一些低劣的骗术就能让孩子上当。有些学校和家长因为过于重视孩子的学习成绩，忽略了对孩子的安全意识的培养。而公众往往重视对成年人的法制宣传教育，忽视了对青少年的安全教育。

社会毕竟是复杂的，孩子们身边隐藏着各种未知的危险。在这种情况下，培养孩子的判断力是十分重要的。

小宋今年刚上小学二年级，是一个特别听话懂事的孩子，还很有爱心，乐于帮助他人。老师和同学都非常喜欢他。

一次周末，爸爸妈妈带小宋去奶奶家。奶奶有好长一段时间没有见到孙子了，这一整天都非常高兴。到了下午，爸爸妈妈要带小宋回家了。奶奶十分舍不得，临走时还偷偷塞给小宋一百块钱。

小宋舍不得把钱交给爸爸妈妈，一直把钱藏在自己的书包里。

一天傍晚，小宋放学了，站在校门口和伙伴们一起等着家长来接。这时，远远地颤颤巍巍地走来一个老乞丐，头发花白，穿着破旧的衣裳，一手拄着拐杖，一手拿着一个碗。他在每一个小朋友面前都会停下来，举起他的碗，嘴里含糊地念叨着："有没有钱让我买点儿东西吃，我实在太饿了。"

面对这样的情景，有些小朋友没有行动，只是静静地看着。有些小朋友掏出自己口袋里的一些零钱递给这个乞丐。乞丐发现自己在小朋友身上得到的钱太少了，有点儿不耐烦，步伐加快了，没有了刚才那副行动迟缓的老态。

当乞丐走到小宋面前时，小宋觉得乞丐太可怜了，可是自己没有零钱，就把奶奶给的钱递给乞丐。乞丐拿了小宋的钱就迅速离开了。

这时，小宋的妈妈正好赶来，看到小宋给了乞丐东西。小宋便将事情完整地告诉了妈妈。妈妈一听就急了，这附近经常有一些人假扮乞丐，骗别人的钱财，小宋怎么这么容易相信别人呢？

在这件事情中，小宋是个非常有爱心的孩子，但是他的判断能力却不强。他只看到了乞丐的外表可怜，却没有进一步思考。他不懂得什么人值得帮助，什么人不值得帮助。小宋很容易被一些低级的骗术蒙骗，也很容易被坏人伤害。

家长应该帮助孩子提高判断力，注重提高孩子的防范意识。要让孩子懂得，看到的不一定是真相，不能凭表象判断一个人的好坏。这里有几点方法培养孩子的判断力：

1. 引导孩子做出正确的判断。

孩子缺乏分析的能力，不清楚自己的判断结果。在这时，家长可以给孩子提供适当的帮助。当孩子做出错误的分析时，最好用探讨或者商量的语气指出孩子想法的不足之处，然后再纠正孩子的观点，让他明白什么是正确的判断。家长还可以通过"尝试—错误—尝试—正确"的方式，让孩子通过自己的决定和行动来检验自己的判断。可以先让孩子判断一些日常生活中琐碎的小事，如果孩子后来能够发现自己对他人的判断失误，他就能思考错误的原因，然后反省自己的做法。以后遇到类似的人或事，他就会结合前面的失误做出准确的判断。

2. 结合生活中的某些事例，提高孩子的判断力。

家长可以通过给孩子讲睡前故事，教孩子判断事情的真相。可以结合故事中一些表里不一的人物，和孩子一起讨论这些人物骗人的手段是怎样的，让孩子渐渐知道判断一个人不能光凭表象。也可以适当地挑选一些法制节目，和孩子一起观看，引导孩子思考、判断，告诉孩子现实社会中也有一些坏人，不要轻易地相信别人。要根据自己的理性判断，认清一些人的本质。

3. 家长要鼓励孩子坚持正确的判断。

理性地坚持自己的决定，对孩子的成长、发展都很重要。但是，由于大多数孩子社会阅历浅，有时即使做出的决定很正确，但在遇到外界的阻挠时，容易动摇。这时家长要对孩子进行鼓励，孩子会觉得自己的观点得到了大人的肯定。这样，当外界出现的事物影响了自己的判断时，孩子就不会轻易放弃自己的想法，会结合实际不断思考，寻找证据来证明自己的判断，这样也锻炼了孩子的判断能力。家长的鼓励能够让孩子在判断时充满自信，坚持自己的想法。

教孩子掌握分辨事物的能力

在卡尔·威特看来，一个没有敏锐辨别能力的孩子，即使掌握了大量的知识，也只是个储存知识的容器。虽然知识丰富，却毫无用处。

卡尔·威特曾经以自己的一个朋友为例，说明这个问题。他的这个朋友是名噪一时的历史教授，但是卡尔·威特发现自己的这位朋友并非真正懂得历史。这个历史教授除了能够牢记一些史实之外，几乎什么都不明白。他没有自己的判断，不能对历史进行反思。这样的历史学者只是在不断地储存知识，其价值与记载历史事件的书本又有什么区别呢？

所以，卡尔·威特教育小卡尔时，一直把培养孩子的辨别能力和分析能力放在首要的位置。例如，在小卡尔四五岁时，一位主教来到卡尔·威特的教区做访问，在办完公事后，卡尔·威特热情地邀请主教到家中做客。晚饭后，主教看到卡尔·威特为自己精心准备的房间时，却很失望，觉得这个房间太简陋了，没有他想象中的舒适。主教便提出要回到城里市长那里住。小卡尔十分崇拜主教，对主教非常不舍，但他的极力挽留没有改变主教要离开的决心。小卡尔不懂得主教为什么不愿留下，卡尔·威特告诉小卡尔，主教觉得这里不够奢华，牧师不都像父亲一样按照上帝的旨意做事。卡尔·威特对这件事的讨论就停在了这里，他让小卡尔自己思考。当小卡尔将自己的分析告诉卡尔·威特时，他也不会对小卡尔的判断做出评价。小卡尔只能自己判断，自己分析，并用现实事例对自己的判断进行肯定或修改。渐渐地，小卡尔学会了辨别周围的事物。

卡尔·威特让小卡尔懂得，美丽如童话般的世界中，也藏着丑陋和罪恶，所以不能盲目乐观。他并不想让小卡尔成为一个悲观主义者，只是让小卡尔能够正视世界的黑暗，并能勇敢地面对这一切。

卡尔·威特对孩子进行教育时，一直非常重视培养孩子的分析和辨别事物的能力。这让小卡尔在学习的过程中不仅仅是掌握知识，还学会了分析和反思自己学到的东西，使知识得到升华。在生活中，卡尔·威特也让小卡尔学会自己辨别和分析周围的事物，正确地认识事物。卡尔·威特对孩子从来不进行专制的教育，使小卡尔始终能够理性地思考问题。

辨别能力是一种智慧，是一个人认识事物、把握事物发展趋势的能力。它是由一个人的知识和经验积累而成的。孩子生活经验并不丰富，辨别事物的能力不强，所以在孩子辨别能力的形成过程中，家长可以通过适当的方法引导孩子辨别事物好坏，帮助孩子形成正确的是非观念。如今，很多孩子没有分析和辨别事物的能力，不知道什么事应该做，什么事不该做，在面对社会上一些不良诱惑时，容易误入歧途。

小凯非常活泼好动，也有很多的坏毛病。他总是很霸道，不讲道理，所以其他小朋友不喜欢和他一起做游戏。小凯看着其他人都在一起玩，自己却不能参与，心里很难过。

有一天，他看见一群小朋友在小区的空地上丢沙包玩，自己也很想加入他们。于是，他走过去对小朋友们说："我要跟你们一起玩！"

"你这么凶，我们才不要跟你一起玩呢。"一个小朋友这样回答。其他小朋友也不想跟小凯一起做游戏，他们没有理会小凯，继续他们的游戏。

小凯还是很想参加，就冲过去过去把沙包抢了过来，不还给人家，希望这样就参与到他们的游戏当中。

可是小凯用错了方法，有个小姑娘被小凯抢东西的样子吓坏了，哭了起来。

这时，小凯的妈妈正好出来接小凯回家，看到这一幕，不由分说当众将小凯教训了一顿。

"你这孩子怎么成天就喜欢欺负别人，你就不能让我们省省心吗？"妈妈揪着小凯的耳朵说道。

"我就是想丢沙包，是他们先不理我。"小凯还是不知道自己到底哪里错了。

"有什么好玩的，你除了欺负别人还能做些什么？赶紧给我回家。"

妈妈愤怒地把小凯拉回了家。

妈妈用一种粗暴的方式制止孩子这次的行为，却没有与孩子一起分析他的行为。小凯没有认识到自己真正的错误是蛮不讲理，妈妈也没有教小凯怎样才能与其他小朋友愉快地玩耍。

小凯依旧用蛮横的态度与人相处，他的朋友越来越少，闯的祸却越来越多。不能明辨是非的他成为一个不良少年，让爸爸妈妈操碎了心。

故事中的小凯没有理性的分析和辨别事物的能力，不懂得反思自己的行为，意识不到自己的错误。在与人交往过程中的错误越来越多，不受小伙伴的欢迎。家长用一种错误的粗暴的方式教育孩子，在孩子做错事情时没有让孩子明白自己到底错在哪里，而是对犯错的孩子进行严厉的批评或惩罚。这样的做法无法从根本上改正孩子的错误，甚至会加重孩子的叛逆思想。

那么如何从小培养孩子的辨别能力呢？家长平时对孩子的教育方式应避免专制，要多采用鼓励的方式，尽量多给孩子发表看法的机会，并且适时引导孩子的思维方向，使他学会正确思考和恰当表达，为孩子表达自己的意见和看法提供宽松自由的家庭环境。这里有一些方法，供家长参考：

1. 家长要给孩子分析辨别事物的机会。

孩子没有丰富的生活经验，又喜欢新鲜事物，随时都可能改变主意，他们对事物的分析和判断难免不恰当，甚至有时候是错误的。但孩子是独立的个体，和成年人一样，他们也需要自己辨别一些事情，锻炼自己这方面的能力。所以家长要鼓励孩子自己分析、辨别事物，要为孩子提供辨别事物的机会。在现实社会中，每天都会出现各种新的问题，家长可以在这些事情上与孩子交流看法，比如与孩子讨论新闻中某些人物的做法是否正确，让孩子分析在街上一些人的不文明行为等。引导孩子分析问题，反思自己的行为，辨别是非对错。家长必须认真对待孩子对事情的评价，并加强孩子对主流的道德观的认识。

2. 家长要引导孩子做正确的事情。

孩子面前有许多是非问题，家长应该细心观察，不可掉以轻心。孩子往往缺乏分析问题的能力，不清楚自己行为的结果。此时，家长可以给孩子提供适当的帮助。比如，和孩子一起看电视时，剧中人说了一句脏话，家长应该及时指出，表示这样说不对；和孩子一起排队买东西，当孩子想要学某些人插队时，要制止孩子，告诉孩子应该耐心排队；当孩子提出不合理或办不到的要求时，家长应该明确地拒绝孩子的要求；对于孩子的正确意见和行为，家长应给予鼓励。由于大多数孩子社会阅历还浅，有时即使做出的决定正确，但在执行中很容易受到外界的干扰，甚至会怀疑或者放弃自己的决定，这时父母有必要鼓励孩子坚持下去。

3. 家长要循序渐进地教育孩子。

孩子的分辨能力是要逐步提高的。4岁之前孩子依照自己的喜好判断和辨别事物，而4至10岁的孩子常常以得到奖赏或避免惩罚来辨别事物。家长在培养孩子的分析和辨别事物能力时不能急于求成，没有一蹴而就的方式能让孩子学会判断，孩子是一点点发生改变的。家长可以根据孩子不同时期的这些性格特点，用适当的方式培养孩子，对孩子进行鼓励或惩罚，循序渐进，让孩子学会辨别是非。

教孩子不要毫无保留地信任他人

卡尔·威特经常会带着小卡尔一起参加一些朋友举办的酒会或者茶话会。

在一次茶话会上，正当人们兴高采烈时，忽然走进来一个中年人。但是大家对他的到来似乎并不在意。当这个中年人走到小卡尔这里时，他朝着小卡尔微笑了一下，并且有礼貌地问好。出于礼貌，小卡尔也向他做出回应。

随后这个中年人很开心地坐在小卡尔身边，开始和小卡尔非常热情地聊起来。他对小卡尔的家庭情况、个人爱好等都非常感兴趣。但是小卡尔在和他交流时发现周围的人似乎并不怎么喜欢眼前的这个人，时不时有人故意从小卡尔身旁走过，向那个人投去不友好的目光。

席间有人悄悄地对小卡尔说："那个人并不是个好人，他经常对周围的人说谎，而且欠了酒店的钱，却不愿意如期归还。你要和他保持距离，最好不要相信他。"

"怎么会呢？他看起来很友善啊，刚才还和我聊天，说了好多话。"小卡尔对听到的内容表示惊讶，不愿意相信这是真的。

"他只是表面上看起来很友善。你要小心，不要被他的外表所欺骗。"别人依旧好心地提醒着小卡尔。

这件事让小卡尔感到非常费解。为什么一个看起来明明很友好的人却会被别人以为不怀好意呢？卡尔·威特知道这件事后，对小卡尔说："我知道这件事让你难以接受，但是事实就是如此。那个人的确是不值得被你信任的。不过没关系，谁都有大意的时候。你年纪还小，还不能很准确地分辨好人和坏人。我们不得不承认，世界上并不完全是好人，也有一些善于伪装的坏人，所以你要多加小心，不要轻易相信别人。"

囿于年龄和阅历，小卡尔非常容易相信看起来友善的陌生人。实际上对方确实是一个不值得信任的人。尽管卡尔·威特知道小卡尔可能不会理解那个人的欺骗和伪装，但是这些事实不应该对孩子有所隐瞒，父母应该告诉孩子真相，让孩子提高警惕，慢慢学会分辨不同的人，避免上当受骗。

小清放学回家的时候，看到有位叔叔在自己家小区外转来转去，时不时向住户家中张望，似乎在找什么人，动作看起来偷偷摸摸的。

她以为叔叔遇到了什么困难，想起妈妈平时教她要帮助有困难的人，就走到叔叔身边，问道："叔叔，你在找人吗？"

那位叔叔先是吓了一跳，后来见她只是个小姑娘，就笑着说道："是啊，叔叔的一个亲戚住在小区里，可他好像不在家，我现在又累又渴，正着急呢。"

"你去我家歇歇吧。"小清提议道。

"有点儿不好意思。"叔叔看起来十分客气，但接着却问，"你家住在哪里啊？家里还有什么人？"

"我家就在前面那栋楼里，现在爸爸还没下班呢，就我和妈妈在家。"小清老实地回答。

"是吗？哎呀……我肚子突然好疼，能不能去你家上个厕所？"叔叔突然捂着肚子叫了起来。

小清吓了一跳，赶紧在前面引路。

走了没两步，她发现妈妈迎面走了过来，赶紧跑过去说："妈妈，这位叔叔肚子疼，让他去咱们家上个厕所吧。"

"哦？"妈妈一看到那位叔叔的样子，就觉得不对劲，他走路总是低着头，眼睛四处乱瞟。

她点头说："行啊，正好你爸爸回来了，正和几位叔叔聊天呢，我们一起回去吧。"

那位叔叔一听，脸色马上变了，突然说道："对不起，我肚子好像不那么疼了，我朋友回来了，我要过去找他了。小妹妹，今天谢谢你啊。"

说完，他就飞一样地逃走了。

小清疑惑地跟着妈妈在小区里转了两圈，才回到自己家。到家一看，并没有看到爸爸和叔叔们的影子。

"妈妈，爸爸呢？"

"还没下班呢。"

"妈妈刚才是在骗人吗？"

"对，因为那是一个坏人，知道妈妈为什么要在小区里转两圈才回来吗？因为妈妈怕被人跟踪，把坏蛋招到家里来。"妈妈说着说着，觉得不能再像以前那样宠着女儿了，该知道的危险应该向女儿说明才对。

于是，在之后的日子里，妈妈和爸爸一有时间就把生活中可能遇到的危险告诉小清，让她逐渐对外界有了警惕心，遇到事情的时候，再也不会傻傻地被人骗了。

案例中的小清因为年纪小，没有社会阅历，轻易地相信小区里的坏人，差一点儿引狼入室。这些危险在生活中其实并不罕见。相对于成年人来说，单纯善良的孩子更容易受骗，因此总有一些不法分子以孩子作为突破口，寻找作案机会。所以家长们一定要注意对孩子进行安全意识的培养，提醒孩子提高防范意识，不要轻易相信任何人，尤其是陌生人。这里有几点建议供各位家长参考：

1. 尽量避免将年幼的孩子单独留在家里，教育孩子不给任何陌生人开门。

想更好地保护孩子，家长首先要提高安全意识。首先家长应该避免将12

岁以下的孩子单独留在家里。如果有不法分子到来，在家里没有成年人的情况下，孩子很容易轻信陌生人，为他们打开门，最后给家里造成损失，严重时甚至对孩子的生命安全造成威胁。因此家长一定要告诉孩子，单独在家时，不要给陌生人开门。

2．教孩子不要将家庭信息泄露给陌生人。

有的不法分子在和孩子聊天的过程中套取孩子的家庭信息，并从中判断孩子的家庭情况，寻找合适的作案时机，伺机下手。孩子的警惕性普遍较低，不法分子很容易得手。所以家长要教孩子学会保护家庭信息，不轻易将家庭住址、家长的电话号码、家里有没有人等情况泄露给别人，尤其是陌生人，以免给不法分子可乘之机。

3．教孩子将对别人的信任建立在时间和事实的双重考验之上。

家长要教孩子学会判断一个人是否可信。首先要和对方有一定的交往时间，对对方的基本信息有比较充分的了解，然后要看对方的为人处世的方式，考察对方是否对自己存在不利的想法。家长要教孩子用事实作为依据，来对一个人进行判断，而非仅仅依靠对方的语言或者自己的感觉，过于感性地给一个人毫无保留的信任。

第七章

友爱团结，
让孩子学会与他人融洽相处

营造融洽氛围从学会倾听他人说话开始

卡尔·威特一直注重教育小卡尔与人和睦相处，小卡尔3岁时，卡尔·威特便让小卡尔参加家庭会议，与父母和女佣一起讨论家庭问题。小卡尔在那时还不能完全听懂大人的话，但是他已经注意到，人们为了解决一些事情需要互相交流。这种家庭会议可以让家庭成员之间互相理解，更好地解决生活中的一些问题，让父母在教育孩子时更有效果。

在小卡尔入睡前，卡尔·威特和妻子都会听小卡尔讲述自己当天的经历。就算小卡尔讲述的只是各种琐碎的事情，卡尔·威特也从来不会不耐烦。通过听孩子的讲述，卡尔·威特也对孩子的个性更加了解。在这种用心倾听的氛围中，小卡尔也更容易对父母敞开心扉。

有时候，小卡尔希望保留一些自己的心理空间，不想将所有事情都告诉父母。这时，卡尔·威特就会给小卡尔一个拥抱，让他感觉到温暖。在不便对小卡尔口头表达的时候，卡尔·威特会将自己想说的话写在纸条上。卡尔·威特的这些方法，让他与小卡尔能够很好地沟通和交流，加深了父子之间的感情，也提高了小卡尔的表达能力。

卡尔·威特让小卡尔对任何事都能发表自己的评价，他认真地倾听小卡尔的评价，并与小卡尔一起讨论，在适当的时候对小卡尔表示赞同，对小卡尔的一些错误进行纠正。小卡尔从未觉得自己在家里受到轻视。小卡尔日后在学校和社会中与人交往时，小卡尔就像父亲卡尔·威特一样，认真倾听他人的想法。小卡尔从不轻视他人的言语，并能够对这些言论认真分析，而后能勇敢地表达自己的看法。就这样，卡尔·威特让小卡尔学会了倾听他人讲话，提高了小卡尔的人际交往能力。

在生活中，善于与人交往的人容易得到他人的帮助，反之则在做事时更容易碰壁。不会与别人沟通的人，更容易与孤独悲伤为伴。与他人能进行良好沟通的前提是学会倾听。卡尔·威特在和孩子相处的时候，一直注重与孩子的沟通交流，认真倾听孩子的想法，使孩子在与他人交往时，也能认真地倾听，并能自信地发表自己的想法。因此教孩子学会倾听，对提高孩子的交往能力是非常重要的。

在现实生活中，有的家长往往更注重对孩子表达能力的培养，却忽视了教孩子学会倾听他人讲话。一个不懂倾听的孩子，在与他人交往中很难给别人留下好的印象。倾听是一种接纳方式，它是有效沟通的必备元素。倾听是一个接受、分析、理解的过程，具备较强倾听能力的人更容易与他人沟通合作。

倾听是开启知识大门的金钥匙。教育学家曾做过统计，人有将近一半的时间在听，倾听也是一种学习，听是人们获取知识的主要途径之一。学生的大部分知识都是在课堂中学到的，在课堂上最主要的学习方式除了思考之外，便是倾听。尤其在合作学习的过程中，通过相互倾听可以帮助孩子了解他人对问题的不同看法，有利于摆脱以自我为中心的思维倾向。倾听是探究的前提，探究的过程是学生合作、探究、交流的过程，是集体智慧的碰撞和交流。因此倾听也是学习的重要手段之一。

乐乐是一个让老师很头疼的孩子，并不是因为他顽劣，而是因为乐乐不会倾听。

当老师在课堂上讲一些知识点的时候，乐乐总是不好好地听老师讲课。他喜欢做一些小动作，或者开小差。老师每次上课都得提醒乐乐好多遍，尽管如此，乐乐学到的知识点还是比其他同学要少很多，成绩也一直上不去，让老师和家长操碎了心。

其他同学在课堂上回答问题时，乐乐经常在人家还没回答完的时候迫不及待地举起小手，嘴里叫着："我知道，这个我会！"有时，他根本不听同学们回答问题，有时还表现得很不耐烦。

老师刚刚布置的作业，明明一听就懂，乐乐却还要问上几遍。当老师给他重复的时候，他总是还没听完就走神了。因此，有些老师已经叮嘱好几遍的东西，乐乐还是会搞错。

下课后，乐乐也不擅长与他人交往。当他与其他孩子一起玩耍时，会表现得很霸道。他总是打断别人的话，在讨论时，只顾着发表自己的意见，强迫别人听他讲话，却不喜欢认真听别人的想法。因此，小伙伴们都不喜欢和乐乐一起聊天。

乐乐回家后想告诉爸爸妈妈自己在学校的烦恼，爸爸妈妈也总是还没等乐乐讲完，就把他的话打断了。他们没有兴趣听乐乐讲述小孩子之间的一些琐碎的事，每次都催促着乐乐赶紧回房间看书。乐乐觉得很委屈。

一次家长会上，老师特意找乐乐的妈妈谈话，希望家长能够和学校配合，让乐乐学会倾听他人讲话。经过和老师的交流，妈妈才发现，平时乐乐跟自己说话时，自己随意地打断乐乐，让乐乐渐渐养成了不喜欢听别人讲话的这个坏习惯。

在上述案例中，乐乐因为不善于倾听，给自己的学习和生活带来了诸多麻烦，比如学习成绩受到影响，干扰了课堂秩序等。从乐乐父母的身上我们可以发现，孩子的这种坏习惯是从父母那里"继承"下来的。我们不难看出，要想培养孩子倾听的能力，就必须做会倾听的父母。父母在和孩子交流的过程中能够倾听孩子的心声，让孩子感受到被人倾听的愉悦，让孩子意识到学会倾听是一件美好而重要的事。推己及人，孩子在和别人交流的过程中也能够做一个善于倾听的人。这里有几点建议供各位家长参考：

1. 要让孩子明白倾听的重要性。

在遇到一些家庭矛盾时，大家可以坐在一起互相交流，说出自己的想法。这能促进家庭成员之间相互理解，让大家在一些事情上能够相互体谅。当大家一起讨论出解决问题的办法时，孩子也能认识到倾听能够碰撞出更多的想法，找到更多解决问题的方法，明白倾听的重要性。让孩子在以后的学习和生活中遇到困难时，也会学习家人的经验，认真倾听别人的想法，与他人互相交流，从而商量出解决问题的办法。

2. 家长要为孩子营造学习倾听的氛围。

在孩子说的时候家长要专心地倾听，避免随意打断孩子的话。在现实生活中，有的家长没有认真倾听孩子心声的习惯，这也是孩子无法养成倾听他人习惯的原因。经常有家长发出这样的感叹："孩子有什么话总不肯跟我说，我说什么孩子也不愿意听，真是拿孩子没有办法。"事实上，家长不善于倾听孩子的想法，孩子的感受就得不到家长的重视。久而久之，孩子可能会因为感到父母对自己不重视而选择不再将自己的想法告诉父母，这对亲子关系有严重的影响。因此家长要学会倾听孩子，给孩子营造学习倾听的氛围。

3．经常称赞和表扬孩子。

家长的鼓励能让孩子对自己的行为更有自信。家长适时、巧妙地说出称赞的话，是对具有良好倾听习惯的孩子的肯定，并促使其坚持不懈。所以，当孩子能认真听别人讲话，理解别人讲话的内容，不随意打断别人的谈话，不急于表达自己的想法，耐心地倾听和理解时，家长要对孩子给予表扬和鼓励，让孩子更有动力。适当的鼓励不但可以激励孩子养成认真倾听的习惯，也可以起到强化这个习惯的作用。任何习惯的养成都不是一蹴而就的，所以，家长对孩子良好的倾听行为应予以不断的鼓励，让他们在长期坚持中强化这个习惯。

让孩子在群体活动中提高交往能力

美国的斯特娜夫人参考了卡尔·威特的教育方法，对女儿进行教育，她把自己的教育经验形成理论，写成了《斯特娜夫人的自然教育全书》。

斯特娜夫人有一个可爱的女儿叫维尼夫雷特，斯特娜夫人一直很支持女儿参加群体活动。小维尼就曾参加过"少年慰问团"，和小伙伴们一起制作玩具和花束送给有病的孩子。她还参加过"争取匹兹堡少年平等参政同盟"，担任过"美国少年和平同盟"的会长。

小维尼在"美国少年和平同盟"中为增进各国少年的友谊，克服种族偏见，促进世界和平而努力。该组织成员需要学习一种世界语言并和一位以上的外国少年通信，每个月朗读外国少年的来信。他们在每次会议中都会学习外国的风土人情，还会和外国少年交换明信片、压花等各种礼物。小维尼在和世界各国少年的交流中得到了大量的礼物，其中小维尼最喜爱的是一位中国少年用5000句世界语写的中国历史。小维尼通过这份礼物了解到了更多的中国历史。小维尼还帮助一名因下肢残疾而厌世的少年学习世界语，这个孩子的性格也慢慢地开朗起来，开始积极地与其他成员一起参加活动。

小维尼5岁时将一些有趣的儿歌译成世界语，希望这样可以把歌曲和世界上其他国家的孩子一起分享。小维尼翻译的儿歌很快在北美世界语协会的帮助下出版，在她的号召下，有更多的人开始接触世界语。斯坦福大学的加勒德博士曾赞赏地说："这本儿歌集的译者一定是语言学家兼诗人。"当他知道译者只是个5岁的小女孩时大为震惊。

小维尼长大后成为匹兹堡最有名的年轻教师。她教育孩子最常用的方法是做游戏和唱歌，还有去博物馆进行实物教学。她教孩子们世界语时，将世界语的文章用最常见的旋律谱成曲，教孩子们唱出来，这样的教学效果很好。她用一本自编的严谨又实用的世界语教科书来教这些学生。

在这个事例中，小维尼在母亲的鼓励和支持下参加了一些有益的集体活动。通过这些活动，小维尼不但学会了更好地与他人相处，还提高了她的组织能力。通过在集体活动中与他人的交流和互动，小维尼扩大了自己的朋友圈，发展了自己的爱好，提高了自己的世界语水平。这些都在她以后的学习和生活中发挥着巨大的作用，当她成为一名老师时，她也经常让自己的学生在集体活动中交流和学习，并取得了良好的效果。正是这种轻松有效的教学方式，让她成为匹兹堡最有名的年轻教师。由此看来，让孩子参加积极有益的集体活动能提高他们的交往能力，使他们健康成长。

心理学家皮亚杰曾提出："孩子与同伴交往是克服性格孤僻和以自我为中心的良好途径。交往对孩子具有独特的心理价值，这是亲子关系代替不了的。"合作的过程也是同伴之间相互交流、彼此接受的过程，集体活动对孩子交往能力的发展具有促进作用。交往是使孩子摆脱"以自我为中心"的重要手段，是促进孩子群体意识发展的最直接的措施。现在大多数孩子都是独生子女，受一些条件的影响，他们的日常活动范围只是局限在很小的范围内。大多只是在家看电视、玩玩具等，长辈们不愿让孩子随意到户外玩耍，也很少带孩子去串门，导致孩子的人际交往能力和群体意识差。

大多数孩子都乐于参加集体活动，家长对此应表示支持，限制孩子参加集体活动可能会使他们有挫败感，让他们在今后的社会活动中缺乏自信心，无法与人进行顺畅的沟通。

　　雯雯今年刚上二年级，本是活泼好动的年纪，雯雯却总是在家里一个人玩。原来，雯雯的父母工作比较忙，平时与亲戚走动少，朋友也不多，对门的邻居住了许多年也没打过几次招呼。他们不太放心让孩子出去玩耍，总是让孩子留在家里多看书、多学习，觉得学习才是最重要的。

　　久而久之，雯雯在家里的行为举止正常，但是有时见到陌生人就会胆怯退缩，不敢说话。偶尔有客人来到家里，雯雯就一个人躲在角落里。在学校，她从来不主动和同学说话，有时她很想和同学们一起玩耍，却不敢主动邀请别人。她常常一个人默默地站在旁边，眼巴巴地看着别的孩子玩游戏，既羡慕又期待，希望哪个孩子能发现自己，主动邀请自己玩游戏。雯雯上课也不敢举手发言，老师叫她回答问题时，她的声音小得像蚊子一样。

　　近来，雯雯因为一些学习问题受到了老师的批评，这本来是件很平常的事，但雯雯却不愿意到学校上课，学习成绩也不断下降。这时，爸爸妈妈都着急了，到学校和老师商量办法。老师听完雯雯父母的叙述，指出他们限制孩子参加集体活动的做法害了雯雯，不利于提高雯雯的交往能力。雯雯的父母反思自己的行为，后悔不已。

　　在上述事件中，雯雯的父母过于注重孩子的学习情况，却忽略了孩子交际能力的培养。他们本身也不善于交际，平时与外界接触很少，没有主动支持雯雯参与集体活动。雯雯从父母身上渐渐习得这些行为习惯，养成了内向、孤僻的性格。在生活中，家长是孩子模仿的主要对象，孩子最初接触的就是家庭关系，以后的人际关系也大多是重复这样的模式，父母与他人交往的方式不同，孩子从父母身上学到的交往方式也不一样。因此，家长在这方面要给孩子树立一个好的榜样，让孩子在集体活动中提高交际能力。关于这个方面的问题，这里有一些建议：

　　1. 培养孩子语言的表达能力。

　　交际能力的核心是表达能力，良好的语言表达能力也是一种才能。因此，从小就应培养孩子的语言表达能力，为他们以后的交际活动奠定基础。家长可以找一些合适的辩论题目与孩子进行辩论，让孩子学会据理力争。为了强化孩子语言表达能力的训练，可以多给孩子讲故事，同时鼓励孩子讲故事、编故事。要让孩子多与外界接触，丰富孩子的生活经验，多了解一些知识，为孩子的语言表达提供丰富的内容。对于不喜欢在别人面前表达自己观点的孩子，要先鼓励他在家人和熟悉的人面前多说话，多提出自己的想法，让孩子慢慢地能够在大众面前自信地表达。

2．尊重孩子的交往。

尊重孩子的交往兴趣，让孩子在交往中拥有充分的自由，这是培养孩子独立性的重要一步。让孩子明白与同伴交往是自己的权利，处理交往中出现的问题也是自己的责任。每个人都有自己的个性，家长应尊重孩子用自己的方式与人交往，只在必要的情况下给予指导，家长过多的介入会妨碍孩子们之间的互相了解。当孩子交了不好的朋友时，家长应避免采用简单粗暴的方式对待孩子。正确的做法是，先耐心地跟孩子了解情况，再与他进行感情沟通，然后对孩子进行教育，提高孩子的认识，进而再与他探讨解决方法和防范措施。

3．培养孩子的特长。

培养孩子的特长，就相当于为孩子搭建了与他人交往的平台。平时教孩子一些儿歌、唐诗、小故事、小游戏等，让孩子在家里将这些东西练熟，孩子在与同伴交往时，就有了底气，有了准备。这样孩子更有自信，在同伴面前也就更有意愿展现自己。提前教会孩子一些"绝活儿"，如玩拼插玩具、折纸、剪纸、唱歌、背童谣等，这会增强他对其他孩子的吸引力。他就能与更多的小朋友接触、交往，在集体活动中提高交际能力。

谦虚的孩子更受欢迎

卡尔·威特十分注重对他的儿子小卡尔的培养，小卡尔和年龄差不多大的孩子相比，显得特别出色，人们都用"天才"和"神童"来称呼小卡尔。正是如此，小卡尔表现出傲慢的态度。

有一次，卡尔·威特带着小卡尔去教堂做弥撒，他观察到小卡尔对别人特别冷淡，人们亲切地和他打招呼，小卡尔并不回应，仅仅是点头示意。小卡尔这种行为让乡亲和朋友感到十分吃惊，卡尔·威特感到很尴尬。

回到家后，卡尔·威特找小卡尔谈话，询问他为何在教堂是那样的态度。小卡尔似乎并不知道自己做错了什么，他已经对乡亲和朋友点头示意表示友好了。卡尔·威特指出小卡尔对别人太冷漠，但小卡尔很不服气，他认为父亲就是在找他的麻烦。小卡尔反驳说自己已经不是一个小孩子了，应该像大人一样成熟稳重，况且他和那些人根本就没有共同话题，也没有什么好交流的，和他们说话简直就是在浪费时间。

卡尔·威特意识到小卡尔的内心在别人的表扬中已经发生了变化，认为自己比别人高出了一截。但卡尔·威特并没有直接对小卡尔进行批评，他认为小卡尔应该吃点儿苦头，才能领悟这些道理。

果不其然，一段时间后，小卡尔的样子非常沮丧。卡尔·威特询问情况后，知道原来是小朋友们都因为小卡尔傲慢的态度慢慢地疏远了他。卡尔·威特告诉小卡尔，虽然小卡尔十分优秀，但是不能脱离群体独自生活，要通过与他人的交流和学习才能使自己成长。他指出小卡尔因为别人的夸奖而变得傲慢是不对的，教育小卡尔应该学会用谦卑的态度对待他人。小卡尔终于领悟到了谦卑的重要性。从此，小卡尔待人不再傲慢，受到了人们的一致好评。

卡尔·威特教育孩子对人不能傲慢，并采取让孩子自己碰壁的方式来使孩子成长。正是卡尔·威特在小卡尔六岁之前正确的教育和引导，才让小卡尔成为一个有着优秀品德的人。家长们应该从卡尔·威特身上学习经验，做到在孩子性格形成的重要时期，特别是幼儿园时期，培养孩子谦卑待人的良好习惯，让他们将来能够更加优秀。

一般情况下，当一个人比他人优秀一些或优秀许多的时候，会不自觉地表现出傲慢的态度。然而傲慢会严重影响孩子的健康成长。会导致孩子只满足于眼前的成就，缺乏长远的目光，这样的孩子看不到别人的优点，难以通过学习取得进步。

小欢在幼儿园表现特别好，经常受到老师的表扬，这让小欢的奶奶感到特别自豪，经常在人前夸赞小欢。有一次，奶奶带小欢出去玩，遇到几个朋友，奶奶不停地夸赞小欢是多么优秀，并把老师表扬小欢的话说给朋友听。奶奶的一位朋友说，小欢真优秀，并对小欢说："小欢，你可真争气啊，不像我的孙子，整天调皮捣蛋。"这时，小欢冒出一句："那是他太笨了。"奶奶和朋友们的笑容一下子就僵住了。

我们可以看出来，奶奶对小欢过分的赞扬，让小欢认为自己特别优秀，因此看不起别人，态度傲慢无礼。根据调查，很大一部分孩子的傲慢倾向源于独生子女家庭对孩子的溺爱，奶奶的溺爱直接造成了小欢的傲慢倾向。傲慢会造成孩子目中无人，和他人渐渐疏远，渐渐变得孤僻。特别是像小欢这种学龄前的孩子，如果待人傲慢的毛病没有得到及时的纠正，这种傲慢情绪在孩子身上变得根深蒂固，就会影响孩子的性格。

所以，当孩子变得傲慢时，家长要及时和孩子进行沟通，特别是家长不应该过度夸奖孩子，这会让孩子产生盲目的自信，从而变得傲慢无礼。那么，家长们到底应该怎么做呢？

1. 家长要教孩子学会尊重每一个人。

尊重是一种修养，它会让人变得谦虚。孩子只有学会尊重每一个人，才能学会不傲慢、不自大。在生活中，家长要通过一些小事教孩子学会尊重周围的人。比如，让孩子尊重残疾人、尊重老人、尊重老师，教育孩子不对他们说不得体的话。

当孩子在幼儿园与同学相处时，家长要教孩子学会尊重那些不如自己优秀的孩子，不能对他们表现出轻视的态度。要和他们一起学习，一起做游戏，互相促进，不能看不起他们，不愿与他们为伍。傲慢容易使孩子失去朋友，变得形单影只，这对孩子与人相处是不利的。

2. 让孩子学会并遵守礼仪。

中国是礼仪之邦，家庭教育也不能缺少礼仪教育。当孩子能有礼貌地对待他人，就不会对他人表现出傲慢的情绪。礼貌体现在生活的一些细微之处，比如，看到老师和同学要热情地打招呼，对家里的客人要热情等。当带着孩子出入餐厅、商场等地方时，家长要教育孩子对服务人员说"谢谢"。这些都需要家长在日常生活中对孩子进行潜移默化的引导和教育。这样不仅让孩子学会对人不傲慢，同时也能让孩子更加外向、活泼。

3．教孩子谦虚地面对他人的欣赏。

学龄前的孩子在受到他人的赞扬后都会特别自豪，而这种自豪如果不加以正确的引导就很容易变成骄傲。因此当他人对孩子进行热情的赞扬之后，家长要和孩子进行单独的谈话，告诉孩子不要因为他人的赞扬就骄傲，要表现得谦虚一些，而且要更加上进，才能得到别人更多的认可。

家长要教育孩子，在受到别人的欣赏和赞扬时，应该对别人说"您过奖了，我表现得还不够好"之类的话，这样会让别人觉得孩子特别有涵养。当孩子把谦虚当成一种习惯后，就不会表现出傲慢的情绪。

4．教孩子热情待人。

孩子在六岁之前，对成年人会有不同程度的害怕，家长要在生活中教育孩子对人不能过于冷漠。比如，见到熟人要热情地打招呼，在他人需要帮助时热情地伸出援手。特别是对亲人、朋友、老师等关心自己的人，更应该表现出热情的态度。

孩子能热情地对待周围的人，就能交到更多的朋友，得到更多人的认可。让孩子在生活中表现出一种亲和力，使得孩子活泼向上，也能起到让孩子谦虚待人的作用，不至于对人冷漠、高傲。

让孩子学会赞扬和欣赏他人

小卡尔小时候经常和一个叫艾伦的小伙伴玩耍，虽说年龄相差不大，但由于从小受到良好的教育，小卡尔比艾伦表现得出色得多。有一次，小卡尔和艾伦一起玩一个建筑游戏，小卡尔主导搭建，艾伦辅助帮忙。但由于艾伦一不小心把一个轴弄掉了，搭好的建筑垮掉了。小卡尔十分生气，责备艾伦太愚笨了，自己劳心劳神搭的建筑就这么被毁了。艾伦受到小卡尔的责备，感到十分难过，他很想帮助小卡尔把建筑复原，小卡尔却不再让艾伦去触摸那些建筑了。没有了艾伦的帮助，小卡尔的建筑也无法完成，只能放弃了。

　　小卡尔回到家中，把这件事告诉父亲卡尔·威特，卡尔·威特告诉小卡尔这样做并不妥当，无论是因为什么理由，批评和责备很容易得罪人，会让自己失去朋友的帮助，变得孤立无援。卡尔·威特告诉小卡尔，艾伦是一个很聪明的孩子，只是不小心犯了错，如果小卡尔能鼓励和帮助艾伦，艾伦会表现得很好。但小卡尔认为艾伦实在愚笨，几句鼓励的话不足以使艾伦改变。卡尔·威特告诉小卡尔，艾伦并非愚笨，只是缺乏自信，如果适当给艾伦一些赞扬，艾伦会尽全力好好表现。如果小卡尔责备艾伦，只会让艾伦感到难堪，更不敢尝试。卡尔·威特告诉小卡尔，小卡尔的聪明和成功源于自己在日常生活对小卡尔不断的鼓励，相信小卡尔也一定可以像自己一样去鼓励艾伦，帮助艾伦。

　　小卡尔认为父亲说得在理。在此之后，小卡尔找到艾伦并向艾伦道歉，邀请艾伦和他一起玩建筑游戏。当艾伦做得很好的时候，小卡尔就会表扬艾伦，这让艾伦感到十分高兴，表现果然比先前出色得多。小卡尔回家后把这些经过告诉卡尔·威特，卡尔·威特告诉小卡尔："在生活中，一个人拼命地学习和工作，就是为了得到他人的认可，所以有时候表扬一个人会成就一个人。"对他人进行赞扬，会得到他人更多的帮助，收获更多的友谊，既然这是一件两全其美的事，为什么不多夸奖别人？从此之后，小卡尔对别人的赞美多了，周围的人也对他多了尊重和喜爱。

　　古人云："良言一句三冬暖。"赞扬可以传递友谊，是一门艺术，也是一种气度。一个人对他人表示赞扬是一种鼓励，更是一种信赖。当一个人对他人说出赞扬的话时，会得到他人的尊重与信任。特别是对学龄前的孩子来说，一句赞扬可以收获很多信任与友谊。正如在卡尔·威特教育下，小卡尔收获了艾伦的信任与友谊，也学会了为人处世的道理。

　　相反，如果没有卡尔·威特及时的纠正，小卡尔就会失去艾伦这个朋友，同时也不能完成他的游戏。家长要教孩子学会赞扬他人，比如面带微笑，态度诚恳，语言温和，重要的是实事求是，用词准确。这就需要家长们在日常生活中下功夫，让孩子在成长过程中学会赞扬这门艺术。有时一句赞扬的话会让孩子获得一次机遇。

东东和小其是幼儿园的同班同学，关系比较好。两个孩子一起参加班上的手工折纸游戏，东东头脑比较灵活，老师教的东西听一遍就能学会，因此受到老师的表扬。小其反应比较慢，东东已经折了好几个纸飞机，小其只折了一个。这让小其心烦意乱，对东东说了一句："这有什么了不起？"东东却说小其虽然折得慢，但折得很漂亮。小其瞬间感到十分羞愧，立刻对东东说对不起，并希望东东能教他怎么才能折得更快，两个孩子高兴地玩了起来。

从这个故事我们可以看出，有时一句赞扬的话能化干戈为玉帛。东东的一句赞扬让小其羞愧不已，也让小其明白自己不能这么急躁。同时，让原本尴尬的关系缓和了，小其和东东更亲近了。

让孩子学会赞扬他人，收获的是他人对孩子的信任，而且也能培养一种博大的胸怀，让孩子不至于在生活中对小事斤斤计较。一句赞扬的话也许能改变一个人，改变他的一生。所以，在对孩子的教育过程中，家长应该重视培养孩子赞扬他人的能力。

1. 家长要教孩子如何赞扬他人。

学龄前的孩子为人处事的能力弱，有的孩子并不知道如何去赞美别人，这就需要家长的引导。比如，在赞扬他人时要面带微笑，态度诚恳，恰如其分的赞美使人身心愉悦，对人的赞美需要真诚，而真诚离不开真实，要教会孩子不要为了赞扬而赞扬。而且，家长要告诉孩子当面赞扬和背后赞扬是不一样的，有时候不同的方式能起到不同的效果。而有时赞扬过度会引起他人的反感，所以，赞扬是一门艺术，学会赞扬才能有效果。

2. 家长应该为孩子树立榜样。

家长的行为习惯对孩子有着极大的影响，孩子在成长中往往会模仿家长的行为。所以，家长们应该在日常生活多多赞扬他人，比如对孩子说"奶奶做的饭真香啊""那个姐姐的衣服真漂亮啊"，等等。孩子在耳濡目染中很容易学会在生活中表扬他人。

在生活中，家长更应该给孩子讲述关于赞扬带来的好处的例子，比如一些名人事迹。孩子的很多习惯都是在人生的最初时期形成的，所以家长应该好好把握孩子成长的黄金时期，帮助孩子养成赞扬他人的好习惯。

3．家长要教孩子学会欣赏别人。

一个人的夸赞不是盲目的夸赞，家长要教会孩子对他人的优点进行欣赏，让孩子真心地赞扬他人，并从中学习和借鉴。只有当孩子学会了欣赏，才会从内心发出赞美，比如当一个人完成一件了不起的工艺品时，家长应该让孩子学会欣赏，在欣赏和领悟后才真正从内心发出溢美之词，而不是盲目地夸赞一番，却在别人问及时说不出所以然，那就实在是太尴尬了。

第八章

激发兴趣，
让孩子爱上学习

让孩子充满热情地学习

　　卡尔·威特一直注重培养孩子对读书的兴趣，让孩子充满热情地学习。为此，卡尔·威特想了好多办法。他发现大多数小朋友都喜欢听故事，于是便开始用讲故事的方式引导孩子读书。

　　卡尔·威特精心挑选了一些既能丰富孩子的知识，又不失趣味性的故事，在跟小卡尔玩耍的时候讲给小卡尔听。为了让小卡尔全身心投入故事中，卡尔·威特在讲故事时，声音随角色的转换而改变，面部表情也时而忧伤，时而搞笑。有时，为了让故事情节更加生动地展现在小卡尔面前，卡尔·威特干脆站起来模仿人物的动作和身形。小卡尔总是听得很入迷，跟着主角一起悲喜，还随着卡尔·威特一起手舞足蹈。

　　小卡尔听故事往往不能尽兴，卡尔·威特总是在故事情节进行到关键部分时停止。小卡尔便一直不停地央求父亲将故事讲完，但是卡尔·威特不为所动，只是告诉小卡尔这个故事在哪本书中，让小卡尔自己去读。小卡尔刚开始不愿意，但对故事的后半部分剧情又很好奇，只好自己打开故事书阅读。渐渐地，小卡尔发现书中藏着一个神奇的世界，他被书中一个又一个故事吸引，自己能够主动地看书，开始充满热情地学习。

　　卡尔·威特慢慢减少用故事引导孩子看书的次数，而是将一些有意义的、适合孩子阅读的书推荐给小卡尔。小卡尔通过自己看这些书，掌握了大量的知识，树立了远大的理想，对他以后的成功起着重要的作用。

　　兴趣是最好的老师。卡尔·威特用有趣的故事引导小卡尔发现书中精彩的世界，培养他的阅读兴趣和学习激情，让小卡尔获益终身。当孩子对阅读产生兴趣时，就会积极主动地学习，不会觉得枯燥乏味。阅读兴趣也会影响阅读效果，兴趣会引导孩子主动阅读和积极思考，其效率自然也会高于没有兴趣的阅读。当孩子对学习产生热情时，便能主动去掌握知识，会觉得学习十分重要，并能为之付出努力。这样的孩子往往有强烈的学习动机，这也是孩子取得好成绩的重要原因。通过阅读，孩子可以获得学习的激情，可以打破课堂教育的限制。

学习生涯对孩子来说是非常重要的，占据了孩子成长的一大半时间。当孩子对学习充满热情时，便不会觉得学习是一件枯燥乏味的事情，在课堂上也能感到轻松愉快。这样大大减轻了孩子在学校里的学业压力，让孩子在成长过程中的每一天都能做自己喜欢的事情，提高了孩子的幸福指数。

有些不爱学习的孩子具有以下几个特点：上课不认真听讲，下课不按时完成作业，心思完全没有用在学习上。如果老师或家长对他们进行批评教育，他们很可能心生反感，甚至还会顶嘴。这些孩子的行为都有一个本质的原因，就是缺乏主动学习的动机。动机是人的一种潜在愿望，处在教育的黄金时期的孩子，往往具有好奇心或者是强烈的求知欲，家长如果善加引导，很容易帮助孩子找到读书的动机。

梦梦今年7岁了，她最近一段时间不太爱跟小伙伴们出去玩，总是喜欢一个人待在家里看书。但梦梦看的并不是课本，而是一些漫画书。

自从爸爸的一个朋友送给梦梦一整套漫画书后，梦梦便一头扎进了这套书里。只要一有空，梦梦就拿出漫画书看，连前几天新买的芭比娃娃都被扔到了一边。梦梦将这套漫画书看了好几遍，不满足这套书里短短的内容，便陆陆续续地求爸爸帮她买了好几套漫画书。

梦梦对漫画书越来越痴迷了，有的时候光顾着看书，连吃饭都忘了。有一次，梦梦在睡觉前偷偷翻开了新买的漫画书，结果一看就停不下来。直到凌晨一点，妈妈起床去卫生间时，以为梦梦睡觉忘记关灯了，推开门一看，梦梦还津津有味地捧着漫画书看呢。如果不是妈妈发现，梦梦可能就这样看一整晚。

由于梦梦对漫画书太入迷，没有足够的精力投入到学习中，学习成绩迅速下滑。爸爸妈妈开始担心起来，他们没收了梦梦的漫画书，催着她去学习，却没有收到好的效果。梦梦会背着爸爸妈妈借同学的漫画书来看，而且梦梦对学习越来越厌烦。爸爸和妈妈商量后，想出一种新的方式提高孩子学习成绩。

爸爸到书店里选择了一些能扩大孩子知识面的漫画书送给梦梦。当梦梦看漫画时，爸爸也拿出自己的书和梦梦一起看。妈妈经常给梦梦讲一些书里的有趣故事，并告诉梦梦这些故事是在哪本书中，梦梦开始自己找书看。经过爸爸妈妈的努力，梦梦的兴趣也不单单只是看一些漫画书，她对一些能增长见识的书也越来越感兴趣。由于梦梦知识越来越丰富，学习成绩也不断提高，经常受到老师的表扬。

在上述故事中，梦梦刚开始时对漫画已经达到了非常着迷的程度，梦梦的爸爸妈妈用了适当的方法，将梦梦的这种热情进行了正确的引导，使之转移到了学习上，让梦梦燃起了学习的热情。良好的阅读习惯能够更够很大程度上提高孩子的学习效率，而引导孩子看一些好书也是十分重要的。梦梦的爸爸妈妈最后没有强制性地规定梦梦要看什么样的书，而是以身作则，陪伴孩子一起阅读，引导孩子看一些好书，让孩子慢慢地养成良好的阅读习惯。

要想让孩子充满热情地学习，家长应从自身做起。孩子如果经常看到父母阅读书籍，就会觉得阅读是一件很自然、很生活化的事情，将阅读当作有价值的活动，这样就更能增加孩子的阅读兴趣。关于如何培养孩子的学习兴趣，让孩子充满热情地学习，这里一些方法供各位家长参考：

1. 激发孩子的好奇心。

好奇心是兴趣的根本，每个兴趣的产生都是由于孩子对某一事物产生了好奇心，促使孩子去实践、去探索。家长可以从多方面、多渠道培养孩子的学习兴趣，使学习的过程变得更加有趣、精彩。比如，带孩子走进大自然，引起他认识事物、研究事物的兴趣，让孩子对周围的事物和现象产生兴趣和热爱，渴望获得知识。家长也可以带孩子去博物馆、图书馆，为孩子讲解有趣的文化知识。同时，家长平时可以用讲故事、做游戏、猜谜语等方式，帮助孩子掌握和积累知识。

2. 不宜对孩子的学习过程管得太严。

好奇、好动、缺乏耐心和持久力是孩子普遍的心理特点。他们喜欢的阅读方式是一会儿翻翻这本书，一会儿翻翻那本书。对此，家长不必做过多的约束。通常，在这个阶段，孩子能够津津有味地翻看书籍，就是良好阅读习惯的开始。因为，这类表现完全符合孩子的早期阅读心理，是孩子在阅读求知的道路上迈开重要一步的标志。把阅读的选择权交给孩子，在孩子阅读的过程中，家长除了需要对真正有害的书刊进行控制外，不应对孩子所读书刊的内容、类型和范围进行人为的约束和控制。通常，孩子所读书刊的内容范围越广越好。家长应注意观察、了解和引导，不宜过多地干涉。

3. 善于发现孩子的优点。

首先，在家庭教育过程中，要多表扬，少批评。要善于发现每个孩子的优点。有些家长开口闭口就是"这么简单都不会，光知道玩"，本来是恨铁不成钢，却不知好钢已在批评中变钝了，日久天长孩子总觉得自己很差，总有错，在学习中有压抑感，于是就会厌恶学习。如果孩子是真的做错了，当然也要给予批评，让孩子明白大人为什么要批评他，让他明白道理。其次，使孩子一开始就有成功的体验。家长要尽可能使孩子掌握知识，一开始就让孩子明白，这样既增强了孩子的自信心，又使他体验到学习的快乐。

边玩边学能提高学习效率

卡尔·威特认为让孩子边玩边学习效率更高，他认为只要善于利用游戏，就能让游戏成为孩子学习新知识的有效途径。有的时候，卡尔·威特会和小卡尔做一些乘法口诀的游戏。把3×6或6×8写在卡片上，把卡片的正面朝下，让小卡尔随便摸出一张，翻过来立即说出答案，如果小卡尔说不出来或者说慢了，那么卡尔·威特就会说出答案，同时小卡尔也会接受小小的惩罚。这让小卡尔在玩的过程中记住了乘法口诀。

有的时候，卡尔·威特会把小卡尔要学的知识，比如语言、历史、数学、地理等做成各种卡片，通过巧妙的游戏，让小卡尔学到知识。卡尔·威特认为这样可以让孩子在学到知识的同时，反应更加敏捷。有的时候他还会给小卡尔一些奖励，让小卡尔能够因为学习而感到满足。卡尔·威特正是利用这种轻松的学习方式让小卡尔在玩的过程中学会了知识，并且掌握得十分牢固。

从卡尔·威特对小卡尔的教育可以看出，学习不应该只局限于书本，当它和游戏相结合的时候，可以产生更加明显的效果。卡尔·威特利用卡片游戏让小卡尔学习，家长们也可以借鉴这种方式，让孩子在玩耍中学到知识。

孩子在学龄前有强烈的游戏的天性，做事都是凭兴趣，家长可以利用这一点，让孩子一边玩耍一边学习。同时家长应该参与到孩子玩耍之中，引导孩子在玩耍的过程中学习知识。家长参与孩子的游戏，会让孩子有更加大的兴趣。而且家长在游戏中对孩子的点拨是极为有效的，也可以及时地纠正孩子的错误。相反，脱离了家长的引导，孩子自我学习的能力不够，学习就不会有那么好的效果。家长和孩子一起游戏，也能增进家长和孩子的感情。

有一个幼儿园有两个小班，其中一个班的老师教孩子们学习时，会经常带着孩子孩子们去室外互动做游戏，在孩子们游戏的过程中，老师把要学的知识教给孩子们。而另外一个班的老师却不赞同这种做法，她认为那个老师带孩子们出去好几个小时却只学一个知识点，自己都已经给自己班的孩子讲了好几个知识点，她认为那个老师经常带孩子们出去玩游戏是浪费时间。经常在室外上课的那个班的孩子会和老师一起做游戏，采集植物标本，观察一只蚯蚓，等等。

最终经常出去游戏的那个班的孩子比另外一个班的总体上表现得更加优秀，而且孩子们非常快乐。

其实，在生活中，由于传统教育模式的影响，仍然有不少家长和老师认为孩子只有规规矩矩地待在教室里才能保证学习效率，或者在该学习的时候只能认真学习。家长和老师将"学习"与"玩"完全割裂开来，甚至对立起来，认为这样才是能敦促孩子好好学习，而玩和学习无关，边玩边学只会耽误孩子的时间。显然，这种想法并不是完全合理的。

首先，家长需要明确的是，这里所说的"边玩边学"，并不是单纯让孩子一边玩游戏一边做功课，而是在游戏中学习，家长们应该准确地区分二者。爱玩是孩子的天性，对孩子来说，游戏是孩子最好的学习方式。因此家长要注意将学习和游戏有效地结合起来，帮助孩子更好地开发智力，提高身体机能。那么家长应该如何正确地帮助孩子边玩边学、提高学习效率呢？这里有几点建议供各位家长参考：

1．边玩边学有利于提高孩子的学习效率。

孩子年纪还小，学习时肯定做不到"两耳不闻窗外事"。加上有的孩子生性好动，可能学习的注意力更加难以持久，这就需要家长的督促。家长可以合理分配孩子的学习时间，督促孩子在学习时间内认真学习，然后带孩子出去玩，进行适当的放松。在出去玩的时候，家长也可以对孩子进行提问，对所学的知识做一个回顾，这样可以有效利用孩子因为注意力集中时间短而产生的玩耍情绪，从而让孩子在玩耍中进行第二次学习。

让孩子边玩边学还能增强孩子的动手能力和思维能力。实践出真知，孩子自己动手获得了知识，学会了用实践来证明所学的知识。当孩子养成了这样的习惯，就会有对某种理论的怀疑能力，才能在以后的学习中真正做到不落窠臼。

2．家长要教育孩子在玩耍中学会思考。

学龄前的孩子喜欢玩耍，这种玩耍也是孩子非常重要的学习方式。孩子在游戏过程中的学习可能是不自觉的、无意识的，作为家长，要在孩子玩耍的时候对孩子进行合理、正确的引导，让孩子在玩耍中思考，培养孩子在玩耍中学习知识的能力。比如，当孩子玩一个拼图时，家长可以让孩子数一数一共有多少块拼图，图上有什么颜色，每一块拼图的形状像什么。这能让孩子有效地把所学的知识运用起来。

要让孩子在玩耍中学习，家长就可以让孩子和同龄的孩子一起做互动游戏。比如"你问我答"，让孩子在问答中学习和巩固知识，而且两个孩子之间的竞争会让孩子更加容易学到知识。

3．家长可以为孩子设计游戏，有针对性地对孩子进行锻炼。

卡尔·威特在游戏中帮助小卡尔记忆乘法口诀，家长朋友们也可以效仿他的做法，利用游戏的方式教孩子知识。比如可以将英文字母印在绘有不同动物图案的卡片上，利用图案来吸引孩子的注意力，然后用猜谜语或者比赛的方式，来加深孩子的记忆力，帮助孩子牢记英文字母。家长还可以组织家庭知识竞赛，让所有的家庭成员都参与其中，让孩子在家庭氛围中感受学习的快乐。

学习外语要循序渐进

卡尔·威特的儿子在八岁时就已经学会了六种语言，那么卡尔·威特是如何教儿子学外语的呢？

开始学习拉丁语时，小卡尔才七岁。卡尔·威特常常带小卡尔去参加莱比锡音乐会，一次中场休息时，小卡尔突然对印着拉丁语歌词的小册子很感兴趣。卡尔·威特便开始教小卡尔学习拉丁语，结果小卡尔只用了九个月就能熟练运用这种语言了。

小卡尔是通过阅读名著的方法学习希腊语的。卡尔·威特为小卡尔制作了一些希腊语单词和德文翻译的卡片，小卡尔先背诵卡片上面的单词，掌握了一些基本单词后，小卡尔便尝试着阅读一些名著。当时的德国没有这方面的双语词典，所以在阅读过程中遇到生僻的单词时，小卡尔便去问卡尔·威特，卡尔·威特总是耐心地回答，从未因为小卡尔的提问发过脾气。

小卡尔在学习每一门语言时，卡尔·威特都会鼓励小卡尔和外国孩子通信。在通信的过程中，小卡尔的语言能力提高了，外国孩子给小卡尔的回信也给了他很大的鼓励，使他对其他国家产生了浓厚的兴趣。另外，卡尔·威特还特别注重游戏与学习结合，在小卡尔刚学会英语时，卡尔·威特便用十三种语言教小卡尔"您早"这句话，并且让小卡尔对十三个不同国家的玩具娃娃说不同语言的"您早"，小卡尔很快就学会了这句话。除此之外，卡尔·威特还利用语言做各种游戏，比如讲故事、说歌谣、猜谜语等，小卡尔总是学得津津有味，并且很快就能掌握一门语言。

小卡尔在小小年纪就能够掌握许多门外语，这与卡尔·威特的教育方式是密不可分的。卡尔·威特在教孩子学习外语时，不仅仅是让孩子死记硬背一些单词，更重要的是给孩子创造了一种学习外语的氛围。卡尔·威特没有逼迫孩子去学习，而是引导孩子，使孩子发现自己的兴趣所在，然后再采用生动有趣的方法去教孩子外语。

在现实生活中，有些望子成龙的家长急于求成，全然不顾孩子的感受，用错误的方法教孩子学习外语，不但无法达到自己的预期，可能还会造成相反的后果。

五岁的小华和七岁的小明是邻居，小明的妈妈经常向小华的妈妈炫耀自己的儿子外语有多么棒，小华的妈妈听后心里很不是滋味，虽然小明比小华大两岁，但小华妈妈也不愿自己的孩子落后。于是，小华的妈妈为小华请来了外语家教，每周末来帮小华补习外语。

家教老师的经验也不是很丰富，只是枯燥地教小华学字母、学音标、学语法，渐渐地，小华觉得学习外语非常无聊，对外语的兴趣也一点点减少，甚至开始讨厌外语，认为外语占用了他玩耍的时间。

经过一段时间的补课，小华的妈妈决定测试一下小华的外语有没有长进，于是便根据补课内容提问小华。然而让小华的妈妈感到意外的是，小华的英语水平根本没有任何长进，而且，小华开始抵触学外语了。小华的妈妈百思不得其解。

终于，在观察了小华的补课情况之后，小华的妈妈明白了：是教学方法出了问题。

孔子曰："知之者不如好之者，好之者不如乐之者。"兴趣是最好的老师。一旦孩子有了学习外语的兴趣，就会乐于去学，学得也快。相反地，如果孩子失去了兴趣，家长逼迫孩子学习他不感兴趣的知识，会使孩子产生抵触心理，孩子可能会向文中的小华一样开始讨厌学外语，这时候家长再想扭转局面难上加难。

生活中，很多家长会像小华妈妈一样因为急于求成而忽略了教学的方法，其实，用对了方法，孩子自然可以很快地掌握一门外语。因此，家长要注意不要因为自己错误的教学方法磨灭了孩子对外语的兴趣，也不要过于心急。俗话说："心急吃不了热豆腐。"给自己和孩子一些时间，也许换来的是意想不到的收获。下面有几种帮助家长教孩子学习外语的方法，供家长参考。

1．培养孩子对外语的兴趣。

爱为学问之始，同样，学习外语也要让孩子先爱上它。孩子可能在一开始并不了解外语，但是没关系，孩子对新鲜事物总是充满好奇的，家长可以将外语融入孩子的兴趣之中。比如，如果孩子喜欢看动画片，家长不妨找一些外国动画片来给孩子看，孩子虽然听不懂外语，但是能够看得懂图画，当孩子不满足于仅仅看懂图画时，也许就会对外语产生兴趣；如果孩子喜欢听歌，家长可以找一些外语歌让孩子听，孩子喜欢歌的旋律，也许就会想要了解歌词。总之，家长可以根据孩子的不同爱好来引发孩子对外语的兴趣。

2．让孩子循序渐进地学外语。

学习一门语言是一个循序渐进的过程，家长不要操之过急。家长可以先教给孩子一些常用的单词、短语，先让孩子随心所欲地组织句子，就像教孩子母语一样来教孩子外语，不用拘泥语法的对错。除此之外，家长也不要催促孩子学习外语，本来孩子把学外语当作爱好，家长的催促会使孩子觉得像是在完成家长布置的任务一样，孩子对外语的兴趣就会大打折扣。因此，家长要掌握好一个"度"，让孩子充满兴趣地去学习外语。

3．鼓励孩子多练习外语。

外语不像母语，一般人每天都能从别人口中听到母语，同样每天都会说母语。因此，学外语更需要通过不断的练习来巩固。家长可以在家中创造出学习外语的氛围，比如平时经常和孩子用外语聊天，这不仅可以锻炼孩子的听力，也提高了孩子说外语的能力。此外，家长还可以给孩子买外语磁带，让孩子一边听一边朗读，这有利于纠正孩子的发音。除了对孩子的听力和朗读能力的培养，家长还要注重孩子的写作能力。家长可以培养孩子睡前写一篇外语日记的习惯，这对孩子学习外语是很有用的。

学习要重质不重量

卡尔·威特认为，孩子一天学习的时间不必过长，只要有两三个小时就可以。然而在当时，很多人不支持他的教育方法，教师米斯卡维诺就是其中一个。

有一天，卡尔·威特受邀到米斯卡维诺家做客，米斯卡维诺便把卡尔·威特带到儿子的书房，想炫耀一下认真学习的儿子。

米斯卡维诺告诉卡尔·威特，他的儿子每天学习十个小时，自从懂事以来，很少走出书房。但是当卡尔·威特询问米斯卡维诺的儿子一些学过的知识时，这个少年的回答却并不如人意。

这也是在卡尔·威特意料之中的，因为米斯卡维诺的儿子每天都是被爸爸强迫着学习，他读书就像是在完成家长的任务，重"量"而不重"质"，这导致他只读书不思考，因此只能死记书中的知识，回答问题时思维混乱。

相反，卡尔·威特在教育小卡尔时更加看重"质"，他从不强迫小卡尔学习，小卡尔也以学习为乐，从来不会觉得学习是负担。卡尔·威特不会像米斯卡维诺那样要求孩子学习很长时间，他鼓励小卡尔劳逸结合，小卡尔在学习中找到了乐趣，然后更加努力地学习。

当小卡尔上大学时，米斯卡维诺的孩子还是老样子。米斯卡维诺的教育方式并没有什么积极的作用，而大家所反对的卡尔·威特的教育方式，却让孩子成为一个"天才"。

米斯卡维诺以为孩子学习时间的长短决定了孩子学习成绩的好坏，事实证明并非如此，孩子的学习质量才是最关键的。如果学习效率没有提高，孩子学习再长的时间可能也没有学习效率高的孩子收获大。而且，随着孩子学习时间的延长，孩子的注意力会分散，学习效率也会下降。

在现实生活中，有些家长还在用米斯卡维诺的教育方式教育孩子，孩子被强迫着去学习，这会使孩子失去对学习的兴趣，孩子即使读了许多书，也还是一副书呆子的样子。但是，如果像卡尔·威特那样先引导孩子发现学习的乐趣，孩子会觉得学习就像玩耍一样充满乐趣，便可以积极主动地去学习，不用家长的催促，最后学习成果也会令家长更加满意。

小明今年不满五岁，原本由爷爷奶奶照顾，刚刚回到父母身边。妈妈决定先送小明到幼儿园学习。

一天，妈妈在和邻居交谈时得知，邻居的孩子虽然与小明差不多大，但是早就上了幼儿园，而且邻居还给孩子报了许多兴趣班。

小明妈妈很诧异："孩子那么小，又要上幼儿园，又要上兴趣班，能吃得消吗？"

邻居听到小明妈妈的话，笑着说："你不知道，现在的家长都是这样的。孩子小的时候多学点儿知识是好事儿，怎么也不能让孩子输在起跑线上啊！"

小明妈妈想了很久，她觉得邻居的话也有道理，她不想让自己的孩子落后，于是便效仿起来，给小明报了许多兴趣班。

小明每天放学后还要去上一个小时的兴趣班，甚至连周末也要去，他没有时间玩耍，只是不断地被逼着学习。

渐渐地，小明开始觉得学习很枯燥，只是机械地去学习，他越来越讨厌学习了。

故事中小明的妈妈因为不想让孩子输在起跑线上，而让孩子长时间地学习，最后小明的成绩不但没有达到妈妈预期的效果，小明反而开始痛恨学习了。

现实生活中很多家长也会像小明的妈妈那样急于求成，不想让孩子输在起跑线上，所以才把孩子的课余时间安排得满满的，希望孩子每时每刻都能认真学习。但是，家长的这种做法往往会事倍功半。孩子整天被迫闷在房间里学习，失去了很多乐趣，这对孩子的心理健康也是不利的。因此，家长也要站在孩子的角度想一想，不要因为急于求成让孩子的童年失去快乐。合理地帮助孩子学习不但有利于孩子的健康成长，而且取得的成效也是显著的，下面有几条建议供家长参考。

1. 引导孩子发现学习的乐趣。

许多孩子在刚上小学时觉得学习又苦又累，这是因为家长在入学前没有合理地引导孩子、帮助孩子找到学习的乐趣。因此，家长要及时地培养孩子的学习兴趣，让孩子在快乐中学习。

　　五岁的小华对家里的闹钟十分感兴趣，他好奇到底是什么让指针转动，又是什么让它发出声音，于是他决定一探究竟。

　　他从家里翻出了工具，把闹钟的零件一个个拆下来，看着里面复杂的构造，他完全没有头绪。这时，爸爸回来了，看到满地凌乱，并没有生气。问清楚原因后，爸爸向小华解释了闹钟的构造，小华听后很兴奋，还想了解更多相关的知识。

　　小华的爸爸在发现小华拆开了家里的闹钟时，没有责备小华，而是根据小华的好奇心引导小华，帮助他找到了学习的兴趣，家长们也可以效仿这一点。当孩子发现了学习的乐趣，学习起来也就快乐多了，自然也不会厌恶学习了。

　　2. 帮助孩子找到正确的学习方法。

　　孩子每天的学习时间不宜过长，但是如何能在短时间内就能学到很多知识呢？提升学习效率是关键。家长帮助孩子找到合适的学习方法，孩子的学习效率自然就提升了。

　　识字是每个孩子都要经历的一个过程，但是有些孩子会觉得识字的过程乏味无聊，通常是因为家长没有用对方法。家长在帮助孩子识字时，尽量不要只枯燥地讲解拼音、声调，将字与图画结合起来会更加生动形象，容易被孩子理解，有利于孩子记忆。除此之外，家长还可以把家里的东西贴上相对应的汉字，比如在桌子上贴上"桌"，椅子上贴上"椅"，孩子在看到这些东西时就会联想到这些字，见得多了，就熟悉了。

　　3. 鼓励孩子适当玩耍。

　　"玩"是孩子的天性，家长要适当地让孩子去玩，而不是让孩子整天学习。在玩耍中，孩子的想象力、创造力会不断地提升。相反，如果成长中缺少了玩耍，不仅孩子少了许多乐趣，而且不利于对孩子创造力的激发。

　　家长可以根据孩子的喜好设计一些益智游戏，比如给孩子买一些拼图和魔方，既可以让孩子娱乐放松，也可以锻炼孩子的动手能力和思考能力，而且孩子在玩的过程中学习效率会更高。

读万卷书，也要让孩子行万里路

卡尔·威特在教育孩子时，除了让孩子学习书本上的知识以外，还会让孩子在生活中实践，拓宽孩子的视野。

小卡尔2岁以后，卡尔·威特便带着他参加一些社交活动，锻炼小卡尔的社交能力。除此之外，卡尔·威特还会带小卡尔参观美术馆、植物园、动物园等地方，让孩子近距离地观察事物。每次参观结束后，卡尔·威特总会让小卡尔把所观察到的事物叙述给妈妈听，小卡尔也因此更加认真地观察。

虽然卡尔·威特只是一名普通的牧师，收入并不高，但是他仍然尽力让小卡尔增长见识。小卡尔3岁以后，卡尔·威特开始带着小卡尔到世界各地旅行，让小卡尔见识不同的风土人情。很快，小卡尔就成了家乡见识最广的孩子，甚至许多大人都比不上他。

卡尔·威特还支持小卡尔将生活与学习相结合。有一次，小卡尔对物理书上的伽利略实验十分感兴趣，他不明白为什么两个重量不同的铁球会同时落地，于是他便去询问父亲卡尔·威特。

卡尔·威特并没有直接向他讲述其中的道理，而是找来了两个不同重量的铁球，带他到教堂的顶楼亲自实践。小卡尔在做完铁球实验后，发现结果确实是像书中说的那样，两个重量不同的铁球竟然可以同时落地，他觉得不可思议，于是决定要弄懂其中的道理，开始刻苦钻研物理学。

卡尔·威特在教育小卡尔时，十分注重理论与实践的结合。他不会让小卡尔只读书本上的知识，也没有为了让孩子见多识广，就抛弃书本。他鼓励孩子先对书本上的描述有一定的了解之后，再去用实践证明书本上的观点是否正确。这种教育方式能够让孩子更加积极主动地学习。

在现实生活中，有些家长只让孩子学习书本上的知识，忽略了对孩子实践方面的教育。他们认为把书本上的知识学好了，成绩就会提升，却忽略了这样会使孩子变成书呆子，不懂得对书本上的知识提出质疑，只会把书本上的知识当作真理。实践出真知，家长要适当地让孩子学会实践，也要让孩子增长见识。

> 小明是小学一年级的一名学生，妈妈很关心他的学习成绩。为了让小明能够在同龄人中不被落下，妈妈给他报了许多课外辅导班，小明每天都要不断地学习。
>
> 小华是小明的同班同学，也是邻居。每到周末，小华的妈妈总会带他去动物园、植物园玩。
>
> 小明的妈妈总觉得小华的妈妈娇惯孩子，浪费孩子学习的时间，同时，也告诉小明好好上辅导班，趁此机会将小华远远地甩在后面。小明虽然羡慕小华可以去看各种各样的事物，但也只能乖乖地去上辅导班。
>
> 家长会上，老师当着全班家长的面夸奖小华思维灵活、有创造性，是孩子们学习的榜样，还让小华的妈妈和各位家长交流了教育孩子的心得。小明的妈妈听了不以为然，她始终觉得只要多看书，孩子的成绩就能提高。
>
> 家长会结束后，老师把小明的妈妈单独留下了，并且告诉她小明在课堂上很不活跃，对于老师提的问题反应也很慢，而且大多是一知半解。小明的妈妈这才意识到小明的问题，她决定改变自己的教育方式，向小华的妈妈学习。

故事中小明的妈妈和小华的妈妈的教育方式是截然相反的，最后的结果也显而易见，小华的优异成绩与他的见识是分不开的。也许有些家长会像小明的妈妈一样，觉得带孩子四处游玩占用了读书的时间，因此就只让孩子读书，但是，如果孩子的见识无法增长，成绩也很难提高。

当然，除了增长孩子的见识外，让孩子学会理论与实践相结合也是十分重要的。陆游曾说过："纸上得来终觉浅，绝知此事要躬行。"古人的说法在当今也是适用的。仅靠从书本上学到的知识是远远不够的，书本只能教给孩子理论上的知识，要想真正透彻地读懂书中的知识，还需要孩子去实践。所以，家长在教育孩子时也要注意这一点，下面几条建议供家长参考。

1. 鼓励孩子多读书、读好书。

苏联作家高尔基说过："书籍是人类进步的阶梯。"由此可见读书的重要性。因此，家长要鼓励孩子从小多读书、读好书，培养孩子读书的习惯。当然，家长要帮助孩子挑选合适的书籍。许多孩子对图画非常感兴趣，家长可以根据这一点，先让孩子从一些形象生动的图画书着手，之后，再帮孩子挑选一些带有简单故事情节的书，让孩子从小故事中能够学习小道理。除此之外，家长还可以选一些益智的书籍，比如谜语、智力游戏等方面的书，帮助孩子开动脑筋。另外，让孩子读一些儿歌和绕口令，可以锻炼孩子的语言能力，扩大孩子的词汇量。

2. 鼓励孩子参与实践。

孩子在读书过程中难免会遇到一些问题，有些孩子可能想动手做实验，看看事实是不是真的像书中说的那样。当孩子提出这类要求时，家长不要觉得孩子这么做毫无意义，也不要告诉孩子书本上的知识一定是正确的，家长要支持孩子的这种做法，并且要尽力帮孩子实现。孩子在参与实践的过程中会更加牢固地掌握知识，记忆也会更深刻。除此之外，孩子的教科书上一般都有课后实践，家长可以督促孩子完成这些实践来巩固知识。

3. 帮助孩子增长见识。

俗话说："读万卷书不如行万里路。"古人注重游学就是这个道理。古人在游历的过程中增长见识，孩子也可以在游玩的过程中增长见识。因此，家长可以尽自己所能，多带孩子去一些博物馆、动物园等地方参观，在参观时培养孩子认真观察的习惯，同时向孩子仔细讲述他所看到的事物。比如参观博物馆时，家长可以向孩子介绍陈列的展品，让孩子了解更多的文化知识；参观动物园时，家长可以向孩子介绍动物的生活习性、栖息环境等，让孩子对动物有更深层次的了解。另外，家长在节假日可以带孩子去旅行，并且鼓励孩子在旅行中每天写一篇日记，记录旅途中的所见所闻。

大自然是孩子最好的老师

卡尔·威特从来不会阻碍小卡尔接触自然。从小卡尔出生那天起，卡尔·威特就将自然视为孩子的最好的老师。

在小卡尔还不会走路的时候，卡尔·威特一有空就带他去户外，带孩子呼吸新鲜空气，让孩子认识各种动植物。当小卡尔会走路时，他每天有一个小时左右的时间，用来在户外做运动。当小卡尔在田野里玩耍时，卡尔·威特并不在意他身上是不是沾了泥巴，如果孩子趴在土地上看一只昆虫看得兴致勃勃，卡尔·威特也会像孩子一样，和小卡尔一起观察、研究，并找来相关书籍，和小卡尔一起学习。

小卡尔后来在自然科学上也取得了很大的成就，其中非常重要的原因就是卡尔·威特在幼年时期就让小卡尔充分接受大自然的教育，培养了小卡尔对各种动植物浓厚的兴趣，并在成长过程中不断探索研究，有了深厚的知识积淀。

卡尔·威特认为，大自然不仅能够让孩子学到科学知识，更能陶冶孩子的性情，让孩子拥有坚韧、宽容、友善等美好的品质。

在学校组织的一次夏令营活动中，孩子们对晚上的露营都感到非常兴奋。有几个小朋友住在一个帐篷里，野外的夜晚对他们来说既陌生又新奇。星星点点的萤火虫从面前飞过，几个孩子追着追着就渐渐离帐篷越来越远了，他们却还没有意识到。

直到夜色变浓时，他们才意识到自己已经远离了露营区。孩子们发现眼前除了树就是草，看不出来时的路在哪里。这时候，胆子小的孩子已经被吓哭了，其他几个孩子也有些惊慌失措。这时候有个小男孩走到一旁蹲下身子仔细听着什么，不一会他转过身对小伙伴说："这里有流水声，附近肯定有小溪，我记得我们的帐篷搭建在一条河上游的高地上，只要找到了小溪，再沿着溪水往上游走，就一定能回去。"听他说完，几个孩子立刻开始行动，果然找到了小溪。沿着溪水走，他们果然回到了露营地。

当孩子去露营或郊游时，意外情况发生的概率也会增加。这个时候掌握基本的生存技能就显得格外重要。这就需要孩子对自然有充分的了解，并能够在大自然中进行锻炼。大自然这位最好的老师能够教给孩子非常多的知识，家长应该让孩子在自然中得到更多的锻炼。这里有几点建议供各位家长参考：

1．让大自然教孩子自然常识。

大自然是一位神奇又伟大的发明家，它赋予地球上所有生物生存的空间，也赋予他们生存的智慧。大自然是人类赖以生存的家园，作为"一家之主"的人类，自然要对"家中"的花草树木都有所了解。

关于自然的知识，也是每个孩子必须要学习的内容。对于0到6岁的孩子而言，家长需要更多地培养孩子了解自然、探索自然的兴趣和习惯，让孩子能够对自然有更为宏观的认知，培养孩子与大自然之间的感情，为孩子今后能够深入地学习自然科学知识打下良好的基础。

2．让大自然培养孩子的生存意识。

培养孩子的生存意识，离不开生存技能的培训。比如掌握最基本的急救知识，在不同的环境中懂得辨别方向，在野外时了解寻找水源的方法等，此外还有游泳、攀爬等一些基本的技能。在这里提出几点建议供各位家长参考：

（1）游泳是一项非常实用的生存技能，并且是兼具健身等多种功能的运动。游泳是人的天赋之一。刚出生的孩子就能够挥动四肢在水面上浮起来，如果不加以训练，这种技能随着年龄的增长会退化。家长可以多带孩子游泳，并教给孩子一些急救知识，这种技能在野外生存中非常重要。

（2）要具备地理常识。家长要教孩子学会根据各种自然景物和自然现象来判别方向。比如根据星星的分布、树的长势等来辨认方向；学会在野外依靠听觉、嗅觉等寻找水源，并学会简单的净化水的方法；等等。

（3）掌握必要的医疗知识。在野外难免会有擦伤、碰伤的现象，这个时候就应该掌握必要的医疗知识。比如学会给伤口消毒、包扎，掌握常用药品的功效、用量等。

3．让大自然教孩子爱护环境。

自然是一位神奇的魔术师，也是一位博学有趣的老师。让孩子在自然的教育中学习如何爱护环境，往往会取得意想不到的效果。因此家长可以多让孩子接触自然，让大自然教孩子学会珍惜美好的事物。"人之初，性本善"，对于美好的事物，每个人都会发自内心地欣赏和爱护。大自然的花红柳绿和阳光雨露让孩子感受到生命和环境的美好，在这种美好的熏陶下学会欣赏美，学会爱护和珍惜自然。

家长也要让孩子多了解自然发展的历史，通过历史的变迁，教孩子懂得现在人类所拥有的美好环境来之不易。家长无法给孩子展示大自然的全貌，因此需要借助书本及影视作品的力量，为孩子展示地球上各种环境的形成过程，让孩子感受到大自然的神奇，同时也能意识到环境具有脆弱性，一旦被破坏很难恢复原状。因此作为地球上的公民，每个人都需要树立爱护环境的责任和意识。

4.家长不要成为孩子和大自然接触的障碍，要给孩子合适的学习环境。

孩子的天性是好奇的，这种好奇是孩子对大自然的探索的主要动力。孩子们需要合适的环境来释放自己的好奇心。家长的责任是给孩子提供合适的学习环境，然后启发和引导孩子积极思考，勇于探索。家长可以向孩子展示丰富多彩的大自然，让大自然的神奇魅力激发孩子的学习兴趣。美丽的植物、可爱的动物、神奇的自然现象等，对孩子来说都具有非常大的吸引力。家长可以多带孩子去郊外，或者在夜晚和孩子一起观察星星，让孩子近距离感受大自然的美丽，沐浴在自然之中。这就如同交朋友，如果常来常往，自然会变得熟悉起来。

家长还可以利用书本、影像资料等，带孩子了解不一样的大自然。孩子或许会因为对周围环境太过熟悉以至于视而不见，或者没有太大的兴趣，这时候家长可以带孩子进一步了解自然，给孩子展示与平时所见不一样的自然。家长还需要引导孩子学会思考，勇于探索。观察各种现象的目的在于带孩子了解更多关于自然的知识，从而能够提出更多有价值的问题，这是学习知识的重要途径。好奇的孩子经常像"十万个为什么"一样，拥有无穷无尽的想象力，提问成了孩子非常重要的学习途径。家长要引导孩子学会观察，然后提出问题，最后通过自己动手找到问题的答案。这对孩子今后的学习和成长是非常重要的。

5.让大自然教孩子学会尊重生命、善待生命。

让大自然对孩子进行教育，让孩子感受每种生物生存的方式，理解生命的存在需要付出的努力，教育孩子学会尊重每个生命，尊重它们的劳动成果，让孩子在观察和体验中学会明白生命的不易，从而学会善待生命。

第九章

游戏教育,
让孩子在玩耍中快乐成长

后天的教育比孩子的天赋更重要

法国著名哲学家卢梭在他的著作《爱弥儿》中讲述了这样一个故事：有两只小狗，它们的母亲是同一只母狗，并且出生在同一个地点，也都自小在母亲身边长大。但是，这两只小狗的表现完全不同。其中一只小狗非常聪明伶俐，身体也很健康，而另一只的小狗却非常愚蠢笨拙，状若痴呆，身体发育得也不好。由此卢梭得出结论，它们的不同是由天赋决定的。同样，对人也是一样，一个人的天赋对一个人的成就有着非常重要的影响。

著名的瑞士教育家裴斯泰洛齐讲过这样一则寓言：

有两匹一模一样的小马，其中的一匹交给一位农民喂养，但是这个农夫在小马还没有完全长大的时候，就迫不及待地让它下地干活，利用它来赚钱。于是小马在长期的过度劳累下变成了没有多少价值的驽马，而另一匹小马则在一个聪明人的喂养下，最后成为一匹千里马。

在这个寓言中，裴斯洛塔奇强调了后天教育的重要性。

卡尔·威特在对小卡尔的教育过程中，并没有完全迷信天赋的重要性，但是他也没有否定天赋的存在。卡尔·威特认为，后天的教育能够更好地发掘孩子的天赋，让孩子取得更好的成就。如果仅仅依赖过人的天赋而忽略了后天的教育，孩子依旧无法成为优秀的人。

小春和青青一起在钢琴班学习钢琴一年了。青青已经弹得非常好，下周的汇报演出还被老师选中表演钢琴独奏。小春一直弹得不好，这次的表演并没有被选中，上课时又因为分心没有认真听讲，被老师批评，于是她心情非常郁闷，回家后一直闷闷不乐。

妈妈看到茶不思、饭不想的小春，很担心，忍不住问："小春，你怎么了？是有什么事让你不开心吗？"

"妈妈，我这次并没有入选钢琴班汇报演出的独奏表演。我学得没有别人那么好。"小春情绪低落地说。

"没关系，你好好练习，下次争取入选就行了。"妈妈鼓励道。

"我是学不好的。我没有青青那么好的天赋，再怎么努力也是没用的。"小春非常沮丧。她觉得自己钢琴弹得不好的原因是没有天赋，因为老师经常在课堂上夸青青很有天分。

"天分固然重要，但是后天的练习更重要。"妈妈听了小春的话，觉得孩子对学习钢琴这件事有误解，认为是天分是成功的主要因素。妈妈意识到这样下去会影响孩子的积极性，让孩子失去信心，如此一来孩子的钢琴学习就很难取得大的进步。

"但是我还是练不好。"小春难过地说。

"冰冻三尺，非一日之寒，任何事情都不是可以随便成功的。就算真的是天才，如果不勤加练习，也不可能取得成功。妈妈给你讲个故事吧，你知道贝多芬吗？"

"当然知道啊，我特别喜欢他的音乐。"一听到贝多芬的名字，小春顿时来了兴致。

"是啊，贝多芬在音乐上可谓成就卓著，他是一位创作型的天才。可是你知道吗，他小时候每天练琴超过八个小时，而且不管刮风下雨，寒冬酷暑，都不能影响他的学习。由于长时间练习钢琴，他的手指变得僵硬、发热，为了让自己手指一直保持灵活，也是为了'冷却'发热的双手，贝多芬在钢琴旁放着一盆冷水，不时将手放进冷水中浸泡一下，然后甩干双手继续练习。一盆冷水就这样很快被甩到了地板上，又流到了楼下听钢琴听得入神的妇女身上。不知情的她们惊呼：'楼上漏水了！'"

听了妈妈讲的故事，小春低着头陷入了沉思。

"你看，连钢琴大师都要勤学苦练才能取得成就，所以说天赋并不是万能的。如果不能通过练习来提高自己的能力，再好的天赋也会被浪费。"

"嗯，我知道了。妈妈，就算我真的天赋不高，我也要好好练习，用勤奋来弥补自己的天分。笨鸟先飞嘛！"

"对，就是这个意思，不过我们小春可不笨！"

母女俩都笑了。

在上述案例中，小春觉得自己钢琴弹得不好的原因是没有天分，但是妈妈告诉她后天的努力比天分更重要，还讲了贝多芬的故事来鼓舞孩子，让孩子明白即使拥有过人的天赋，也需要勤加练习，才能获得成功。

我们不得不承认天赋对一个人的重要性，但天赋仅仅是能否学好的先天条件，一个人要想获得成功，更主要的是要依靠后天的教育。从生理的角度来说，人的大脑具有很强的可塑性。从出生开始，孩子大脑发育就受到包括营养、环境、情绪、教育等各种因素的影响。尤其在0到3岁之间，孩子的大脑发育得非常迅速，如果在这个时期对孩子进行合理、科学的教育，会让孩子的天分得到更充分的挖掘，通过后天的教育和积累，让孩子将天分转化为能力。

如何让孩子意识到后天教育的重要性，教孩子通过勤奋努力打破天赋决定论的神话？这里有几点建议供各位家长参考：

1. 用榜样的故事激励孩子。

上述案例中的妈妈用贝多芬的故事让孩子明白后天的努力比天赋更重要的道理，这个方法家长们可以借鉴。对孩子来说，故事总是格外引人注意，故事中的"偶像"加强了孩子的信任感，强化了对孩子的激励作用。家长不妨使用这样的方法，用一个个生动的故事，让孩子在快乐中学会重视后天教育，让孩子明白通过刻苦努力才能取得成就。

2. 即使天分非凡，家长也要教育孩子不能骄傲，不能放弃后天的努力。

现在的孩子有不少都是多才多艺的，经常会被亲朋好友夸赞："你家孩子真聪明，天生就是舞蹈家！""孩子唱歌真好听，真是有天分！"但是这样的称赞往往忽略了孩子学习舞蹈或唱歌已经好几年的事实。家长要教孩子在面对这样的称赞时，不要把成绩完全归功于自己的"天分"而忽略了自己的努力，要让孩子知道，即使有天分，也需要后天的不断努力，这样才能更接近成功。

3. 教孩子学会笨鸟先飞。

我们不能否认具有非凡天分的人总是能够又快又好地做完常人费时费力才能完成的事，但是在生活中，在某方面取得巨大成就的人往往是那些一开始不被看好、甚至被嘲笑不具备任何天分的人。他们的成功离不开刻苦的努力和坚持不懈的奋斗。家长要教给孩子笨鸟先飞、勤能补拙的道理。既然自己没有天分，那就在后天多下功夫，打下坚实的基础，这样才更容易取得成功。

期中考试的成绩出来了，刘磊的数学成绩有了进步，她高兴地把试卷拿给爸爸妈妈看。

"哟，不错，比上次好多了。"妈妈笑道。

"嗯，确实，我知道这是你用努力换来的，最近你一直很认真地学习数学。你要继续努力，争取下次考得更好。"爸爸也高兴地说。

"好，我一定努力。"刘磊听了父母的话很高兴，觉得父母肯定了她近一段时间来的努力。为了能让父母更开心，刘磊更加努力地学习数学，运算能力和思维能力都得到了很大的提高。在期末考试的时候，她的数学成绩又有了很大的进步。

故事中的刘磊在得到父母的肯定后，更加珍惜自己的劳动成果，变得越来越努力、勤奋，最后成绩又有了较大的飞跃。人们常说："聪明往往只能决定人一时的成败，努力则会决定人一生的命运。"如果家长想好好地教着孩子，让孩子取得更大的进步，就要淡化孩子天资的重要性，向孩子传递努力奋斗的观念，让孩子正确地认识不懈努力的作用。

游戏是开启智慧之匣的钥匙

卡尔·威特认为，要教孩子学东西，首先应该培养孩子的兴趣。游戏因为本身具有趣味性和灵活性，可以说是最好的教育方式之一。

卡尔·威特不赞成通过严肃死板的语法系统教孩子学习语言。当小卡尔几个月大时，卡尔·威特用红色的纸裁剪出较为简单的单词，比如小猫、小狗、鸽子、鱼等，然后把它们按一定规律贴在小卡尔房间的白色墙壁上。当卡尔·威特教小卡尔发音时，卡尔·威特就指着一个单词，然后，小卡尔的妈妈会配合唱出所指单词的发音。通过这些有趣的教育方式，小卡尔学会了很多单词，语言天赋也得到了开发。

每当卡尔·威特一家外出时，卡尔·威特都会让小卡尔说出看到的事物的名称。潜移默化，小卡尔很小就学会了标准德语，并且可以独立阅读书籍。

卡尔·威特在自家院子里铺了几十平方米的厚厚的沙子，还在周围栽种了些花草树木，把这儿作为小卡尔的游乐园。小卡尔很喜欢这儿，他经常在这里建城堡、玩虫子、观察植物生长，下雨时挖沟渠，下雪时堆雪人。在这里，小卡尔可以尽情地发挥想象力，按自己的心情玩耍，自由地和大自然亲密接触。

卡尔·威特经常给小卡尔讲故事，然后他会鼓励小卡尔扮演故事中的人物，或者让小卡尔自己编故事，安排表演。他们一家人都会参与到小卡尔的表演游戏中。这些表演游戏锻炼了小卡尔的想象力和组织能力。

在卡尔·威特的教育下，小卡尔从小就学会了多种语言，并在绘画、音乐、数学方面都远远超过其他孩子，不得不说游戏教育对小卡尔潜能的激发起到了极其重要的作用。

17世纪英国杰出诗人和戏剧家莎士比亚说："游戏是小孩子的'工作'。"工作不只是成年人赚钱的方式，更是孩子们的事业。游戏对于孩子的意义不仅是可以感受欢乐，还可以使孩子在无形中得到锻炼、取得进步。在当代，家长更应该明白游戏是孩子的天性，在家长正确的引导下，孩子在游戏中学习往往事半功倍。因此，家长不但不能阻止孩子玩游戏，还要在游戏中引导、教育孩子。

博文和昊昊两家是邻居，两个孩子还是要好的朋友，然而这两个孩子性格差异却很大。

博文从小性情文静，一直被家长要求在家里读书学习。他成绩很好，性格乖巧，是家长喜欢、街坊邻里夸奖的好孩子。但博文除了昊昊之外几乎没有好朋友，总是独来独往。博文动手能力和自主能力很差，不会做家务。后来，家长才发现，他离开了家长，根本不会照顾自己。

昊昊从小性格很活泼，喜欢玩各种游戏，而且他游戏玩得很好。特别是在战争游戏中，往往都是昊昊充当指挥士兵的将军，并且百战百胜。附近的孩子都很崇拜他，他因此成了孩子王。因为昊昊组织能力强，人缘好，所以每次班里有活动时他都是中坚力量，他总是将活动安排得井井有条，很受同学们信赖。

两个孩子中，博文一直"宅"在家里，没有充满游戏和欢乐的童年，缺乏和同龄人的沟通和交流，结果变得只懂读书，个性也遭到压抑。昊昊喜欢玩，在游戏中他的天赋得到发展，昊昊从中学会了交际，并培养了自己的能力。从两个孩子的经历可以看出，游戏对孩子的意义十分重大。在游戏中成长的孩子可以学习到很多无形的知识，锻炼自己的能力，培养创造力。所以家长应该在游戏中引导孩子，锻炼孩子，培养孩子的智慧。以下有几条建议供家长参考：

1. 在大自然中教孩子认识事物。

对任何事物的认识都不仅仅是通过课堂学习就能得来的。比如，花有美丽的色泽、芬芳的香味、独特的触感。但仅通过老师在课堂上教的简单的发音，孩子们是感觉不到这些的，而且这样的课堂也是枯燥无味的。家长可以带孩子外出游玩，让孩子接触大自然中的事物，那孩子很可能会开心地闻一闻、摸一摸这些东西，主动探索和学习大自然中的知识。

2. 通过游戏培养孩子的想象力。

孩子的想象力是丰富而奇妙的，在想象中他们建造了属于自己的世界，并在其中得到快乐。而且，想象力对孩子以后在学习和工作中扩展思维也是大有益处的。家长可以每天给孩子讲睡前故事，鼓励孩子自己发挥想象力，猜测接下来的情节，如果猜对了就给予适当的表扬。这样，孩子的积极性得到提高，想象力也会更加丰富。

3. 在游戏中锻炼孩子的动手能力。

孩子的动手能力关系到孩子长大以后生活的质量，动手能力强的孩子未来在生活和事业上会发展得更加顺利。家长应该在游戏中帮助孩子锻炼他们的动手能力，因为在游戏中孩子的创造力能得到充分的展现。

家长可以给孩子创造一个自由的空间，比如找一块沙地或是土地，在周围种一些花草树木。在这里，孩子可以自己规划空间，建造房子，还可以在夏天挖沟渠，冬天堆雪人。这样，孩子在游戏中依靠自己的双手自由地创造，无形中锻炼了动手能力。

孩子最好的游戏伙伴是父母

卡尔·威特认为孩子最好的玩伴是父母。父母和孩子一起玩，不但可以促进父母和孩子的交流，加深彼此的感情，还可以在日常生活中教导孩子学习各种知识。在父母的陪伴下，孩子能感受到家庭的温暖，更有利于孩子形成健康快乐的性格。

卡尔·威特常常带着小卡尔去他的工作场所。卡尔·威特是一位牧师，他工作时，小卡尔就在一边乖乖地看父亲祈祷。渐渐地，小卡尔见过了很多人和事，明白了很多道理。小卡尔还很喜欢和爸爸妈妈一起外出游玩，在路上，卡尔·威特会教小卡尔很多东西，比如地形、植物、动物等。因此，小卡尔对大自然充满了浓厚的兴趣。

孩子是期盼父母给予他们关爱的，他们总是对父母的一切都充满好奇。小卡尔就是如此，他小时候很喜欢缠着妈妈。每当小卡尔的妈妈做事时，小卡尔总是围着妈妈转来转去。

一次，小卡尔的妈妈正在拖地，小卡尔在一旁很好奇地追着拖布跑来跑去。卡尔·威特看到了这一幕，他让小卡尔自己找妈妈要拖布。于是，小卡尔满脸认真地向妈妈提出要求，然后激动地从妈妈手中接过拖布。因为这是小卡尔第一次参与家务，而且拖布比他还高，所以小卡尔显得很笨拙，但他把这当作有意思的游戏，一直玩得很开心。此后，小卡尔参与了更多的家务，而且完成得很好。小卡尔通过参与父母的劳动理解了父母的辛劳，变得更加尊重父母。

在父母的陪伴下，小卡尔学会了很多东西，不只是学习方面的，还有生活方面的。在游戏中长大的小卡尔不仅得到了快乐，还锻炼了自己的能力，发展了自己的天赋。后来，小卡尔成为一个优秀的人才。

现在，大人的工作可能都很繁重，孩子或被交给爷爷奶奶抚养，或被保姆带大，但这些都比不上父母的陪伴。因为没有父母陪伴的孩子往往缺乏爱，孩子容易变得孤僻，不善交流。在父母陪伴中长大的孩子更乐观、更活泼。

修文和浩浩是同班同学，两个孩子的家庭环境相差较大，他们俩性格也不同。

修文的父母是做生意的，工作特别忙，夫妻俩常常不在家。修文从小是被保姆带大的，他的父母很少陪他。修文上学后，父母答应他，如果他考试成绩好，就带他去游乐园玩。于是，修文平时学习更加刻苦努力，最后考了全班第一，可修文的父母却因为工作的原因失约了。后来，修文的成绩明显下滑，而且对别人也常常不守信用。

浩然的父母都是教师，都是温文尔雅的人。每逢假期他们一家人都会出门踏青、采风、放风筝、钓鱼。因此，浩然从小对大自然充满兴趣，他在生物学方面还是个小专家。平时浩然在家里学习时，他父母就陪着他安静地读书。浩然唱歌跳舞时，妈妈给他吹口琴伴奏，爸爸和他一起手舞足蹈。浩然一家子总是和和睦睦，家里充满欢声笑语。

修文的父母是爱他的，可他的父母没有以恰当的方式把爱表达出来，结果导致修文从小缺乏父母陪伴，无法感受到父母的心意。因为父母的失信，修文对父母丧失了信心，在学习上也失去了上进的动力。相反，浩然在父母的陪伴下，懂得了自己是被爱和关心的，是有依靠的，因而不会感到孤单，对世界充满爱。

由此可见，在孩子的成长过程中，父母的陪伴对孩子的心理有着至关重要的影响。对孩子来说，金钱和礼物远远比不上父母的陪伴，只有父母的陪伴才能让他们感受到温暖的爱。每个孩子生下来都拥有无尽的潜能，但只有在父母的陪伴下，孩子的潜能才会被激发。因此，家长应该陪伴孩子成长。这里有几条建议供父母参考：

1. 配合孩子的兴趣玩游戏。

每个孩子的性格和爱好不同，每个孩子在不同年龄段喜欢的游戏也不同。父母应该了解自己的孩子喜欢什么，适合什么。比如，孩子喜欢弹钢琴，父母可以配合孩子唱歌或跳舞，让孩子用钢琴伴奏；孩子喜欢画画，父母可以给孩子当模特，这样有利于增强孩子画画的积极性。这些活动不仅能增加孩子的兴趣，而且可以激发孩子的潜力。

2. 父母要陪孩子一起做事。

弘文是个六岁的孩子，正在上幼儿园。他的父母都是作家，两人很重视弘文的教育。有时幼儿园的老师会布置一些写字作业和简单的计算题，弘文完成这些任务时，弘文的爸爸妈妈就默默地陪着他。妈妈坐在桌边看书，爸爸坐在沙发上读报，家里很安静，但气氛很温馨。即使彼此没有交流，弘文也知道爸爸妈妈在陪伴自己，这时自然能平静下来，高效地完成任务。

对孩子来说，他们渴望父母在身边陪着他们，这样孩子能找到自己的存在感，感受到自己的价值。在家里，孩子写作业时，父母可以在一旁工作或读书，父母和孩子一起做类似的事，才能让孩子有被陪伴的感觉。

3. 让孩子参与到父母的活动中。

不仅孩子的游戏可以让父母加入，父母的活动也可以让孩子参与。妈妈做家务时，可以让孩子加入进来，比如让孩子打扫房间、擦桌子、帮忙做饭，这样既减轻了妈妈的负担，也锻炼了孩子的能力。父母还可以带着孩子外出和朋友聚会，这样有利于开阔孩子的视野，增长孩子的见识。父母工作时，如果有条件也可以带着孩子，让孩子在一旁观摩，还可以让孩子帮一些小忙。这样有助于孩子体验父母的工作，从而对父母更加敬爱。

让孩子在游戏中体会生活

卡尔·威特从小就注重对小卡尔的教育，特别是让小卡尔在游戏中学会成长。比如小卡尔的母亲经常和他一起做游戏，有时，小卡尔扮演老师，他的母亲扮演学生，母亲就会像学生一样问小卡尔各种问题，如果小卡尔不会或不耐烦,就会从老师降为学生。有的时候扮演学生的母亲调皮捣蛋,小卡尔也会对她进行教育。母亲有时故意不完成小卡尔布置的任务,如果小卡尔迁就母亲,那么他就会失去当老师的资格。小卡尔每次都会像母亲平时批评自己那样去批评母亲,并对母亲进行教导,提出一些意见和建议。这时母亲就会认错,来博得小卡尔的原谅,小卡尔才会感到满意。有时母亲假装不认错,并顶撞小卡尔,小卡尔也会大声斥责,并指出错误。

有时母亲会给小卡尔一笔钱让他扮演母亲,自己来扮演孩子,一起去超市购物。购买权掌握在小卡尔的手里,但如果买回来的东西没有用处或没有价值,小卡尔就会降级成孩子,只能听从母亲的安排。有时母亲扮演孩子,故意买一些零食和玩具,一般情况下,小卡尔都会拒绝购买,并像一个大人那样告诫母亲垃圾食品对身体不利,还说有很多玩具家里都有,没有必要购买。小卡尔懂得以理服人,这让母亲很欣慰。

正是通过这样的游戏,小卡尔学会了自我控制,角色扮演也让小卡尔学会站在别人的立场上思考问题。

让孩子在游戏中学会一些道理,比直接对孩子进行教育和批评更能奏效。这种角色扮演的游戏能让孩子更早地熟悉生活,熟悉社会,同时也能大大地提高孩子的动脑动手能力,这样孩子长大后更能做好自己该做的事。最重要的是游戏让孩子获得了乐趣,有利于孩子的成长。

孩子在游戏过程中学会的经验教训、方式方法更不容易忘却,有时甚至能伴随孩子一生。所以学会和孩子一起做游戏,让孩子在游戏中体会生活并获得成长是家长们应该努力掌握并运用的一门学问。

有这样两个家庭,其中一个家庭的家长经常和孩子一起做游戏。有时家长和孩子一起去户外玩亲子游戏,有时会和孩子一起待在沙坑里建城堡,每天都玩得很开心。家长经常会在游戏过程中向孩子提出相关问题,孩子也乐意回答。在游戏过程中遇到的挫折,家长都会和孩子一起解决。而另外一个家庭的家长却觉得这很浪费时间,他只是给孩子买很多玩具让孩子自己玩。慢慢地,两个孩子的差距逐渐显现。一个学习成绩优异,会待人接物，能自己处理问题。另一个只是一个各方面都很一般的孩子。

孩子在游戏过程中所感受到的乐趣及掌握的规则是真正的本领。但这些生活的本领不是凭空习得的，它需要家长的参与、引导和教育，才能取得最显著的效果。在游戏中体会生活，能让孩子更好地在这个社会上生存与发展。

为了让孩子在游戏中受益，家长们需要参与到孩子的游戏中，用孩子的思维去玩游戏。在家长和孩子的互动过程中，家长和孩子之间的距离拉近了。家长和孩子玩游戏时，应该注意哪些问题呢？以下建议可以供家长参考：

1. 家长应该和孩子一起做游戏。

游戏是孩子的天性。孩子正是在游戏中学会遵守规则，学会按照程序办事。游戏提高了孩子的认知能力和反应能力。这个过程怎么能缺少父母的引导和陪伴呢？

家长要参与孩子的游戏，这是家长与孩子沟通的重要渠道，家长应该把与孩子做游戏放到日常计划之中。比如小卡尔的母亲与小卡尔一起做游戏，进行角色扮演，这能让小卡尔体会大人的世界，站在大人的立场上思考问题，这会让他在以后的生活中牢记大人的叮嘱而不至于犯错。

2. 让孩子玩健康的游戏。

健康有益的游戏才能让孩子成长，家长要避免让孩子玩电子游戏。有很多家长认为网上的一些益智类游戏会对孩子大脑开发有用处，但这样是不对的，孩子的控制力是有限的，他们更容易沉迷于电脑中的游戏。更糟糕的是，电脑游戏会让孩子的视力受损，造成近视。

有一个真实的案例：有一个家庭有一个七岁左右的男孩，家长平时特别忙，经常早出晚归，为了不让孩子感到无聊，安心地待在家里，他们从网上查到一些所谓的益智类游戏，让孩子自己玩。结果孩子慢慢地不满足于这些游戏，偷偷玩上了网游，小小年纪就近视了。更糟糕的是，他不听家长劝告沉迷游戏，还顶撞家长，最后竟然闹得离家出走。

出现这样的情况家长应该反省，家长应该让孩子在游戏中体验到的是真实的生活，而不是虚拟的世界。家长可以和孩子一起玩一些亲子游戏，这对孩子很有好处。

3. 家长要善于用游戏教育孩子，让孩子领悟生活的真谛。

孩子参与游戏的过程，也是思考的过程，家长可以扮演一个引导者的角色，让孩子学会玩游戏，提高大脑的灵活度和反应能力，但更应该让孩子从中体会生活，领悟生活的真谛。

比如，在游戏中家长可以多问孩子几个为什么，促使孩子去思考；在游戏过程中遇到问题，家长应该激励孩子想出解决方案。总之，最重要的是让孩子学会思考，把游戏与生活联系起来，从而学习到相应的本领。

动手游戏比玩具对孩子更有益

小卡尔是一个没有玩具的孩子。

卡尔·威特更注重引导小卡尔用观察周围事物的方式来学习知识，当小卡尔具备阅读的能力的时候，书本就成了小卡尔最喜爱的"玩具"。

为了使小卡尔不感到无聊，同时也为了让他更好地学习知识和进行娱乐，卡尔·威特在家中的院子里为小卡尔修建了一个非常大的游乐场，里面铺了厚厚的一层沙子，即使下了雨也会很快变干，因此小卡尔可以尽情地在游乐场里爬来爬去。这个游乐场周围种满了各种花草树木，小卡尔可以在里面观察各种植物和昆虫，这使他对自然产生了浓厚的兴趣，同时也锻炼了小卡尔的观察能力，对锻炼他的四肢也有很大的好处。

几乎所有的孩子都对厨房里的各种活动特别感兴趣，小卡尔也不例外。卡尔·威特并没有像其他父母一样，拒小卡尔于厨房之外，而是给小卡尔准备了一整套的厨具玩具，让他能够充分地接触到所有的工具，并且发挥自己的想象力，对它们进行组合和使用。小卡尔对这套玩具非常喜爱，总是乐此不疲地摆弄着。

卡尔·威特认为，在动手游戏中，孩子的各项身体机能都能得到充分的锻炼，对孩子的智力开发也非常有好处，同时还能锻炼孩子大脑和四肢的协调能力。通过游戏，父母引导孩子发现自己的兴趣和特长，促进孩子健康成长。卡尔·威特还认为，父母不应该对孩子的动手游戏做过多的干涉，这样会将孩子的才华埋没。

动手游戏和玩具相比，对孩子更有益处。现在的孩子们童年最大的特点就是有数不清的玩具。一方面是由于现在的玩具市场非常发达，令人眼花缭乱的玩具让孩子爱不释手，的确吸引了孩子的目光；另一方面是家长更多地用玩具代替自己陪伴孩子。因为父母忙于工作，没有过多时间陪伴孩子做游戏，为了减少孩子对家长的依赖，只有通过玩具让孩子摆脱孤单寂寞，希望玩具能够陪伴孩子。其实这种做法是很不合适的。

程程的父母都是工程师，平时工作非常忙碌。在程程很小的时候，他们就给她买来许多的玩具，比如玩具熊、布娃娃、会讲故事的小鸭子、可以换衣服的芭比娃娃等，父母希望这些玩具能够陪伴孩子度过孤单的时光。

但是程程的父母很快发现，玩具带给程程的新鲜感和吸引力似乎正在降低。在程程很小的时候，她曾经因为一件新玩具而兴奋半个月，而在这半个月中程程很少打扰父母。现在的程程对一件新玩具的热情也就能持续几天的时间，很快就将那些价值不菲的玩具弃之脑后。不仅如此，程程的反应能力、语言能力、动手能力等都不如同龄的孩子，甚至还不如一些比她年纪小的孩子，并且程程的脾气很坏，容易发怒，没有耐心，这才是最让父母担心的。

看着同龄的孩子都活泼可爱，程程的父母也开始反思自己的教育方式。他们也开始意识到是自己对孩子的陪伴不够，于是决定多花时间陪孩子。周末的时候，程程的父母带程程去公园玩，一家三口在公园的草坪上玩起了老鹰抓小鸡的游戏。在游戏中程程父母惊喜地发现，原本走路不是特别稳当的女儿竟然已经可以顺利跑起来了，看来真要多带孩子运动，在游戏中孩子得到的锻炼要比精致高档的玩具多得多！

案例中的父母起初认为玩具可以代替孩子成长中的许多东西。为了节省陪伴孩子的时间，他们不惜给孩子买各种精致而高档的玩具，希望孩子能够得到满足。但是后来他们发现，孩子的成长出现了许多问题，例如身体反应能力下降、语言能力不强、脾气暴躁、做事没有耐心等。这些能力其实都可以在父母和孩子的动手游戏中得到锻炼。

在生活中，有不少家长将孩子的游戏与成堆的玩具画等号，认为只要给孩子提供了足够的玩具，孩子所需要的一切就都得到了满足。其实这种想法是不正确的。玩具的确是孩子成长过程中不可或缺的"伙伴"，但是玩具并不能代替动手游戏，不能代替父母对孩子的有效锻炼，因此作为家长，一定不能仅仅给孩子提供玩具，而是应该多抽时间和孩子一起动手做游戏，在游戏中锻炼孩子的各种能力。这里有几点建议供各位家长参考：

1. 动手游戏是孩子成长中必不可少的"伴侣"。

游戏是孩子的重要学习方式之一。孩子在游戏中能够学到非常多的知识，因此家长一定要抓住机会，在游戏中多多加入动手的环节，让孩子在游戏中锻炼各种身体机能。家长要对孩子的动手游戏给予充分的重视，不能用玩具来代替动手游戏，如果让孩子的童年在一堆玩具中度过，父母就是失职的。

2. 父母要做孩子动手游戏中的引导者、参与者。

孩子的游戏并不仅仅是一种消磨时光的消遣，更是孩子锻炼能力的绝佳机会，还是亲子之间沟通交流情感的大好时机。家长要做孩子游戏中的引导者，帮助孩子科学、合理地进行动手游戏，同时也要对孩子进行保护，避免孩子在动手的过程中受到伤害。同时，父母要明白，自己是游戏的参与者，而不是旁观者。因此一定要参与到孩子的游戏中来。让孩子和父母充分互动，掌握游戏的要领，才能充分地锻炼孩子的各种能力。

3. 家长不要随便阻止孩子的动手游戏。

孩子的天性好奇，他们对生活中的各种事都充满好奇心。比如孩子看着妈妈在厨房里忙碌，自己也想试一试使用厨房里各种工具是什么感觉；看着妈妈在洗衣服，孩子也想亲自试一试。但是很多家长觉得孩子这是在给家长添乱，或者出于对孩子的保护，因此拒绝了孩子想要动手参与的要求，将孩子和生活完全隔离开来。这种做法无形之中剥夺了孩子的动手机会，也让孩子失去了锻炼能力的机会。卡尔·威特的做法非常值得家长们借鉴，既保证了孩子动手参与游戏，又能保障孩子的安全，可谓一举两得。

第十章

财富教育，
让孩子树立正确的财富观

让孩子从小就接受理财教育

卡尔·威特在对小卡尔的教育中并没有避开金钱这个问题，相反，他认为让孩子学会理财是非常重要的教育内容。

卡尔·威特认为，理财能力是一个人生活和事业上必须具备的一种重要能力，对这种能力的培养，家长必须重视，也必须从小就对孩子进行相关的教育，并且越早越好。作为一名教育家，卡尔·威特对很多孩子都进行了长期的观察和研究，他发现了这样的问题：很多孩子都不知道钱为何物，只是把它当作能够换东西的工具。这些孩子对于钱没有明确的概念，只知道想要东西时就要用钱来买。也没有节俭的意识，买东西时特别容易把身上的钱花个精光，购买欲望也非常强烈。在生活中，这样的孩子做事比较缺乏计划，容易对别人做出承诺，但是却做不到信守诺言。

在卡尔·威特对小卡尔的理财教育中，他首先让孩子懂得金钱来之不易，他不会无计划地给孩子钱。卡尔·威特教育孩子，花钱要学会计划和分析，将钱用在该用的地方上。

卡尔·威特在教孩子理财时强调诚实的重要性。他强调孩子在面对金钱的诱惑时必须保持诚信。这是伴随孩子一生的重要而美好的品质。

卡尔·威特还强调，必须要让孩子在金钱面前保持尊严，不要一味贪图财物，尽管金钱能够带给人物质的享受，但是金钱并不是万能的。

卡尔·威特并不认为孩子不应该接触金钱，他更强调对孩子的理财能力应该尽早进行培养。人在一生中不可避免地要和金钱发生各种各样的关系，理财能力是一个人生活和工作必须具备的能力。更重要的是，学习理财是为了让孩子更加明确人生的价值和意义，避免让孩子被金钱驱使，被金钱奴役。

冯女士的儿子小可快6岁了，很快就要成为一名小学生。为了庆祝小可的生日，也为了激励他好好学习，妈妈决定在开学前带他出去旅游。

"小可，我们要出去旅游了，需要买很多东西，你和妈妈一起去买好吗？"冯女士希望借此教儿子学购物，让他有理财的意识。

"好啊！好啊！"一听要去购物，小可兴奋地拍手道。

"嗯，那你先拿纸、笔、计算器过来。"冯女士说道。

"要这些东西做什么？"小可一边惊奇地问，一边去自己的卧室拿东西。

小可将纸、笔、计算器拿过来后，冯女士说："我们要做个预算。你来写，妈妈补充好吗？"

"哦，这样啊。那我写什么呢？"小可还不知道预算是什么。

"就把你认为我们去旅行需要的东西写在纸上，后面要写上每样东西需要的数量以及它们大致的价格。最后，我们还要统计买所有的东西大概需要花多少钱。"冯女士说。

其实，让小可做预算这件事，冯女士是早有"预谋"的。前几天，她还特意带小可去了一家大超市，和他一起记下了旅行所需的一些物品的价格，比如旅行箱、洗漱用品、遮阳伞等的价格。

小可"哦"了一声，然后在纸上写下了旅行箱、伞、太阳帽、旅游鞋、防晒霜、牙膏、牙刷等物品名称。当然，其中有些字小可还不会写，是冯女士手把手教他写出来的。之后，小可再和冯女士一起商量，写上每一种物品应购买的数量及大致价格。

最后，合计总价格的时候，小可又能一显身手了，因为他已经会用计算器了，合计的重任当然要交给他。小可平时就喜欢拿计算器按着玩儿，这回办起正事来，他很熟练，没几分钟就算出了总额。冯女士检查了一遍，发现小可没有算错，于是表扬道："你真厉害，算得一点儿都不差。现在我们就去超市买这些东西吧！"

小可高高兴兴地和妈妈出门了。到了超市，冯女士又趁机教小可选购商品的技巧，希望他将来能更聪明地购物。

案例中的小可妈妈让孩子做预算、参与购物，这对培养孩子的理财观念很有好处。有的家长会认为让孩子过早接触金钱会让孩子变得过于关注物质，容易被金钱左右。其实让孩子早点接触有关财富的问题并非坏事，如果家长能够对孩子进行正确的引导，对孩子进行合理、科学的财富教育，让孩子学习理财，对孩子未来的发展利大于弊。

有的家长认为，孩子6岁之前什么都不懂，教太多东西他也学不会，所以没必要浪费时间教孩子理财。事实并非如此。

一般情况下，孩子3岁以后，自我意识会迅速提高，由对自己身体的认识扩展到对周围的人和物的认识上，会对周围的人、事、物有自己的看法和理解。之后，随着孩子年龄的增长，身体各个器官的发育渐渐成熟，进入了学习敏感期。

研究证明，孩子年龄越小，学习能力越强，3～6岁之间的学习，是在为他将来的学习生涯打基础。所以，孩子学习理财知识也应尽早，当他学会在购物之前先做预算，学会将一个个硬币存进小小的存钱罐时，他就已经具备了理财的意识，将来在学习更复杂的理财知识和技巧时，他就会更加游刃有余。

那么，对于3～6岁的孩子，家长应如何培养理财观念呢？这里有几点建议供各位家长参考：

1. 教孩子认识金钱。

孩子3岁时，家长首先应教他正确地认识金钱，让他清楚钱的用途。

三四岁的孩子往往根据形状、颜色、具体可见的情景等，认识、理解相应的事物。比如，在最初接触钱币时，孩子会认为5分的硬币比1角的硬币更值钱，因为5分硬币看起来更大一些。

所以，在这个阶段，家长应根据孩子的这个特点，有意识地教孩子认识不同图案、大小的钱币的真正价值，还可以让他参与数额较小的日常消费。比如，家长可以在带孩子出去玩之前给他几元钱，坐公交车时让他拿出一元钱买票，玩累了再拿出一元钱买个雪糕吃……通过这样具体的实践活动，孩子就能明白一元钱能买些什么，它的价值到底有多大。

2. 激发孩子储蓄的兴趣。

森森马上就要过5岁生日了，妈妈对他说："儿子，妈妈今年送给你一件有意义的礼物，怎么样？"

"好呀！它是什么？"森森高兴地问。

"存钱罐！这样，你就能把自己的零花钱存起来，用来买更多更有用的东西。好不好？"妈妈拉着森森的手问。

其实森森早就想要一个存钱罐，只不过怕妈妈不同意，而且自己的零花钱也不多，所以一直没开口。现在听到妈妈的话，他当然很高兴。

第二天，森森和妈妈一起去超市选购喜欢的存钱罐。

"这个怎么样？粉色的小猫，多可爱。"妈妈指着一个粉色小猫造型的存钱罐问森森，森森摇摇头，说道："粉色是女孩子们喜欢的颜色，男孩子喜欢更酷的样子。"

"更酷的啊……"妈妈在货架上看来看去，看见一款变形金刚造型的存钱罐，赶快拿了过来，对森森说："这个怎么样？很酷吧！"

"耶，是变形金刚。"森森高兴地拍起手来。

妈妈见森森喜欢，就买了下来，并且告诉森森，只有把零花钱放进这个存钱罐，变形金刚才能长大，成为真正的变形金刚。

森森十分高兴，从那以后，他把节省下来的零花钱全都放进了存钱罐里。

孩子四五岁时，他的注意力往往会集中在自己感兴趣的事物上，如自己喜欢的玩具、零食等。这时，家长可借机引导孩子进行储蓄，比如用一个漂亮的钱包或造型可爱的存钱罐引起孩子的兴趣。另外，孩子坚持储蓄一段时间后，家长应送一份小礼物作为奖励。或许孩子存下来的只是很少一笔钱，但这样的奖励却能进一步激发他的储蓄兴趣，让他更有信心去坚持。

3. 教孩子简单的购物技巧。

孩子五六岁时，家长有必要让他学习如何聪明地购物，上述故事中冯女士的方法是可取的。

在教孩子购物的过程中，家长要创造机会让孩子列购物清单、做预算等，到商场或超市后，还应教他辨认各种商品的生产厂家、生产日期、保质期等。此外，为了让孩子学会选购物美价廉的商品，家长还应告诉孩子什么是打折、返现等，并教给他折扣、返现的计算方式。

对孩子进行金钱奖励要适度

小卡尔如果在考试中取得优秀的成绩，卡尔·威特就会给他一块钱作为奖励。如果小卡尔帮助妈妈做了一天的家务，妈妈一样也会给他一些钱作为奖励。但是，如果小卡尔的行为出现了过错，那就意味着他得不到奖励的钱了。

有一天，小卡尔跑过来对父亲说："爸爸，今天我不能再拿你给我的奖励了，因为今天我并没有如约帮妈妈倒掉门口的垃圾，所以即使我考试取得了优秀的成绩，我也不该得到奖励。"

看着一本正经的小卡尔，卡尔·威特激动得想要给孩子一个拥抱，再给他双倍的奖励，但是为了教育孩子，卡尔·威特只能用平静的语气说："哦，既然如此，那你就从明天再开始做好事吧。"

对孩子适当地进行奖励是有作用的，卡尔·威特从小卡尔很小的时候就开始运用这样的方法对小卡尔进行教育。在小卡尔还不懂得花钱的时候，卡尔·威特就换一种方式对他进行奖励。

小卡尔在晚上睡觉前如果将自己的衣服叠好放在枕头边，第二天早上睁开眼睛后，就会发现枕边有几颗糖果。这时候卡尔·威特会告诉小卡尔："因为你昨晚自己叠了衣服，表现很好，小仙女送来了几颗糖果，以后你要再接再厉！"

有一天小卡尔在睡觉前忘了收拾自己的衣服，第二天起床后，小卡尔到处都找不到自己的衣服。

"妈妈，我找不到衣服了，我想穿那件新的。"小卡尔对妈妈说。但是妈妈并没有拿出新衣服。

"今天没有新衣服穿，因为你昨晚睡觉前没有收拾好自己的东西，导致今天早上你找不到，这是你自己造成的，所以你也要自己解决。还有，小仙女也没有糖果给你。"

听了妈妈的话，小卡尔虽然很失望，但是他知道如果自己犯了错，就不能得到奖励。

卡尔·威特并不反对家长用金钱作为奖励来鼓励孩子做好事，相反，他认为适当的金钱奖励可以让孩子更加积极进取，让孩子明白付出才有收获的道理。但是在生活中，很多家长在教育孩子时并没有让金钱发挥出应有的作用，而是常常走向两个极端，要么在经济上完全满足孩子，要么视金钱为洪水猛兽，让孩子完全不接触金钱，更不会用金钱作为奖励来鼓励孩子积极向上。其实这两种做法都是不恰当的。只要运用得当，金钱也是对孩子非常好的奖励方式。

月月在家里翻箱倒柜地不知道在找什么，妈妈很好奇，便走进了她的房间。只见月月的床上摆满了各种各样花花绿绿的东西，有过生日买的毛绒玩具，也有一些精美的图书和几件衣服。

妈妈问她："你这是在做什么？"

月月指着床上的东西，对妈妈说："我要把房间收拾一下，帮帮你啊，今天你不是要大扫除嘛！"

"哎哟，这么懂事了啊？看来月月真的长大了。"妈妈高兴地说，"为了奖励勤快的月月，妈妈今天给你20块钱奖金吧！"

"真的吗？太好了！"月月高兴地说，"正好我想买本书，打算下午跟你要钱，本来还有点儿不好意思。"月月笑着说。

"好，那你以后就用做好事的方法来获得奖励，我根据你的表现给你一定数额的钱作为奖励，你可以用这些钱买一些自己想要的东西或者存起来。但是有一点，不许乱花钱。"

"嗯，好的，没问题！"月月欢呼雀跃，答应了妈妈的要求，转身更加卖力地收拾起房间来了。

案例中的妈妈在看到孩子主动做家务时，提出用金钱对孩子作为奖励，孩子受到鼓舞，变得更加积极主动，帮助妈妈做更多的事。在劳动的过程中，孩子既得到了想要的物质回报，又能够感受到父母做家务的辛苦，同时还能培养孩子理财的意识，可谓一举多得。

家长用金钱作为对孩子的奖励，也有一些需要注意的问题，这里有几点建议供各位家长参考。

1. 对孩子的奖励要合理，要掌握在一定范围内。

胡小明生活在一个比较富裕的家庭，所以花钱大手大脚，一点儿也不心疼钱。

胡小明的爸爸妈妈为了培养他建立正确的财富观，定了一条规矩：只有参与劳动，才能换取零花钱。

一开始，胡小明十分不满，零花钱忽然减少让他很不适应。但是胡小明渐渐地发现了窍门：刷一个碗一毛钱，家里有很多碗，他挨个儿刷一遍；打扫一个房间一块钱，家里有很多房间，他按房间的数量来收钱；洗一件衣服一块钱，他就一天洗很多双袜子……

这样一来，爸爸妈妈发现，给胡小明的零花钱不仅没有减少，还增多了，但是，儿子却没有做出多少努力，也没有付出多少辛苦，更别提让儿子树立正确的财富观了。

爸爸妈妈决定改变策略，在对胡小明进行物质奖励时，制订了更多的规则，不再像以前一样，毫无原则和尺度，也不再对胡小明进行很大金额的奖励，逐渐让胡小明认识到钱并不是那么好赚的。

有一天，胡小明拿着妈妈给他的零花钱，突然颇有感触地说："这点钱真的好难挣啊，我可舍不得随便花出去了。"

妈妈欣慰地拍了拍他的肩膀。

　　家长对孩子进行物质奖励，一定要掌握好尺度，最好不要对孩子进行大额金钱奖励，避免孩子乱花钱。家长要让孩子明白，给孩子钱是对孩子表现好的奖励，要鼓励孩子坚持下去，而不是单纯地为了挣钱而劳动。

　　2．有奖有罚，才公平合理。

　　孩子做了好事，要进行物质奖励；如果孩子犯了错，家长也要有相应的惩罚措施。有奖有罚，赏罚分明，这样家长才有威信，能够引起孩子的重视，引导、规范孩子的行为。家长和孩子一定要事先约定好，按照规定进行奖惩，让孩子养成信守承诺、遵守约定的好习惯。当然，家长要以身作则。

　　3．教孩子奖金不能乱花，让孩子学会管理金钱。

　　家长给孩子物质奖励，是要帮助孩子学会理财，不能将得到的钱乱花乱用。如果可以，家长可以尝试帮孩子买一个存钱罐，或者开一个银行账户，让孩子逐渐树立理财意识，学会管理自己的钱。

让孩子体会挣钱的辛苦

　　小卡尔从父亲卡尔·威特那里得到金钱从来都不是无缘无故的，而是通过自己的劳动或者付出得来的。因为卡尔·威特认为，如果孩子总是不劳而获，他就不会懂得金钱来之不易，也就无法学会珍惜，这会导致孩子花起钱来毫无节制和计划，甚至浪费金钱，使金钱失去原有的价值。

　　在家里，小卡尔如果想得到报酬，就必须付出一定的劳动，比如帮妈妈打扫卫生，或者早晨起床收拾自己的床铺。当然，如果考试成绩优异，小卡尔也可以得到一定的报酬。如果某天小卡尔犯了错，他就不能再得到报酬。这是卡尔·威特对小卡尔的惩罚，提醒孩子要想得到报酬，就必须付出劳动。

　　没有劳动能力的孩子一切所得都来自父母。对孩子来说，金钱或许只是用来购买零食和玩具的工具，带给自己的都是美好的享受。但是孩子却不知道金钱是如何获得的，没有体会过挣钱的辛苦，自然也理解不了珍惜金钱的含义。家长要教孩子认识到金钱的来源，让孩子明白想获得报酬需要付出一定的劳动，随着孩子年龄的增长，家长更应该尝试让孩子亲身体验获取报酬的不易。

小芳的爸爸周六加班，晚上回到家的时候，小芳一脸不高兴。"爸爸你答应今天要带我去游乐园的，上次就食言了，这次又是！"

爸爸笑着说："我要工作啊，不然怎么能拿到工资带你去游乐园啊？你说对不对？"

"我才不信呢！肯定是你懒得去。上班有什么难的啊？"小芳说。

"要不，你也来试试？"爸爸试探着说道。

"试试就试试！"小芳理直气壮地说，"不过，我又没有工作。"小芳很快就沮丧起来。

"没关系，从明天开始你帮妈妈打扫卫生，然后根据你的表现，我们给你一定的报酬，你看如何？"

"好啊，我的报酬我要自己支配！"小芳立刻来了兴致。

"好的，但是不许乱花钱。"爸爸说。

"好！成交！"

第二天，小芳就"上班"了。小芳帮妈妈扫地、洗碗、倒垃圾，准备晚饭时还帮妈妈择菜、洗菜，睡前还要拖地板。忙了一天之后，小芳回到房间，累得腰酸背痛。因为跟爸爸说好要坚持，所以她没有放弃。

一周之后，拿到"工资"时，小芳由衷地感叹道："妈妈每天真是太辛苦了。爸爸上班也很累，挣钱真是不容易啊！"

案例中的孩子经过一周的"工作"后，亲身感受到取得劳动报酬的辛苦，终于体会到父母工作的不易。经过这一番锻炼后，小芳对金钱的观念也改变了。让孩子亲自尝试用劳动取得报酬，家长的这种做法对孩子很有好处。这样能够让孩子对金钱有更深刻的认识，让孩子明白钱的确可以带来消费的快乐，但获取报酬的过程要付出辛劳和汗水，让孩子能够学会珍惜，学会勤劳，同时也能对父母的辛苦多多体谅。

美国教育界流行着这样一句话："要花钱，自己挣。"许多美国家长不管家里的经济状况如何，都会在孩子12岁以后，鼓励他外出打工，通过自己的劳动赚取零花钱。当然，他们让孩子们做的事并不难，劳动强度也不大，一般就是帮别人送报纸、打扫庭院等工作。虽然如此，这样的劳动也十分有利于培养孩子自谋生路的能力，会让他们明白一个人要赚取财富，就必须付出相应的劳动。在劳动的过程中，孩子体会到劳动的辛苦和报酬的来之不易，这样孩子才能学会珍惜，才能学会体谅父母的辛苦。在这里，我们建议各位家长，凡事避免包办代替，要舍得让孩子劳动。

卉卉已经读小学了，但她一点儿也不会照顾自己。偶尔想自己洗一次袜子，她还把水盆打翻了，不小心摔了一跤。从那以后，妈妈就禁止了卉卉的一切"劳动权"。

"妈妈，明天学校要组织同学们去郊区种菜，你说我种点什么好呢？"这天一放学，卉卉就高兴地跑到妈妈身边，抱着妈妈的腰撒娇地说。

妈妈一听就急了，忙问："能不能和老师说不去？"

"为什么？同学们都说很好玩。"卉卉噘起嘴，脸上的笑容不见了，"你都不让我在家里干活，同学们知道我连自己的袜子也不会洗，笑了我好几天呢。这次我要是再不去，他们肯定又会说我娇气。"

"郊区的路不好走，很容易摔倒的，万一受伤了怎么办？"妈妈不想让女儿去受罪。

这时候，爸爸正好下班回来了，卉卉委屈地跑过去，抱住爸爸的胳膊说道："爸爸，我想去种菜……"

"爸爸支持你！"了解了前因后果，爸爸替卉卉做了主。

妈妈想阻止，爸爸却转过头来对她说："老婆，上次是卉卉不小心才摔倒。这次有老师和同学们一起去，你就让她去吧，多运动多劳动，不仅对她的身体有好处，对她的成长也是很有益的。"

妈妈没办法，只好答应了。当天晚上，妈妈为女儿准备了一大堆应急物品，吃的、喝的、用的应有尽有，就怕落下了什么东西，苦了女儿。

现在家庭中的孩子大多为独生子女，家长往往会因此而过度关心、迁就孩子，凡事包办代替，很少让孩子做家务或进行其他劳动。久而久之，孩子就会变得十分懒惰，遇到任何事都想依赖家长，而不是自己动手去解决。

从孩子的成长发育过程来看，小时候他其实是喜欢做事、愿意劳动的。比如，孩子刚开始学走路时不想让大人抱，喜欢自己不停地练习；刚学会洗衣做饭的时候很勤快，总是亲自动手做这些事，做完后会很有成就感。家长要多给孩子机会，孩子才能成长。

不要让金钱迷住孩子的双眼

卡尔·威特在生活上是一个非常简朴的人，他非常希望自己的这种作风能够影响小卡尔，避免让小卡尔成为只贪图享受、被金钱迷住双眼的人。

卡尔·威特还经常和小卡尔探讨关于简朴生活的问题。小卡尔一开始也觉得奢华的家具、丰富的物质享受非常有吸引力，会让人的生活更加舒适，金钱可以让人们得到自己想要的一切东西。

卡尔·威特说："金钱的确可以让人过得更加舒适和奢华，但是简朴能带给一个人精神的自由，让人感到放松，而不是被束缚。"

卡尔·威特同样非常注重培养孩子对待金钱的态度，他教育小卡尔，不能在金钱面前失去自我，更不能为了金钱而做出违背自己意愿或不正确的事。对待金钱，要学会满足。一个不懂得满足的人会为了自己难以控制的欲望而不择手段地获取金钱，这将产生非常可怕的后果。

其实在我们的生活中有非常多的美好的事物值得追求，并非只有金钱才具有重要的价值。但是金钱有时候会成为某些人思想意识的主宰。被金钱迷住双眼的后果是非常严重的，正如卡尔·威特所言，为了用金钱满足欲望，有的人会变得不择手段。因此作为家长，一定要对孩子进行正确的教育，避免让孩子被金钱迷住双眼。

最近，妈妈感觉儿子宁宁手里的零花钱似乎突然变多了，而她并不记得自己给了他这么多零花钱，这是怎么回事？每次看到儿子买回来一大堆东西，妈妈就心神不宁，几次问儿子，他都说是靠自己的能力挣的钱，但具体问他挣的是什么钱，他却不回答。

"宁宁，吃西瓜了。"周末的中午，吃过午饭宁宁正在房间里写作业，妈妈把切好的西瓜端了进去。

看见儿子书桌上满满地堆了很多书和本子，妈妈心疼地说道："你们老师怎么留了这么多作业，这得写到猴年马月啊？"

"没多少，很快就写完了。"儿子猛地把桌上的书本推到一边，对妈妈说："妈妈，把西瓜放这儿吧，吃完我再写。"

"嗯，妈妈看看你写的是什么。"

"啊……"

宁宁想拦，已经晚了，妈妈拿起了一个作业本。

妈妈看了看，这是数学作业本，再拿起一本，还是数学作业本，题目一样，字迹也差不多。上面还有刻意模仿别人字迹的痕迹。

"这是怎么回事？"妈妈合上本子，发现每个本子上的名字都不一样，有两个名字好像是儿子同班同学的。

宁宁低下了头，过了一会儿，他昂起头说道："我在挣钱啊！"

"挣钱？拿别人的本子能挣钱？"妈妈本以为是儿子在抄同学的作业，但听到儿子的回答后，她觉得问题更加严重。

果然，宁宁支支吾吾地回答："我帮同学们写作业，然后就能挣到钱啊。"

妈妈听完后，语重心长地对宁宁说："宁宁，你现在就能考虑挣钱的事情，妈妈很开心，但是你用这样的方法挣钱是不对的。以后不能再这么做了，明白吗？"

"知道了。"宁宁似乎也知道这样做不太好，不安地低下了头。

案例中的宁宁认为用自己的能力来赚钱天经地义，却没想过，这其实是很不好的事情。写作业是每个学生应尽的责任和义务，必须由自己来完成，这是对自己能力的肯定，不能随便找人代写或者是代替别人写，这些做法都是不对的。用这种方法来赚钱，就更不对了。

帮助别人没有错，但是应该用正确的方法来帮助别人，不能披着帮助别人的外衣，做一些违反道德甚至违法的行为。出了这样的问题如果不马上纠正过来，很可能导致孩子做出诈骗、偷盗等行为。

如今的社会，许多人推崇向"钱"看。令人欣慰的是，还存在着一些像卡尔·威特一样朴实的人，他们努力赚钱，却把骨气、爱心等当作最大的财富。

其实，金钱并不能代表一切。诚然，离开钱人是没有办法生活的，但钱可以买到商品，却不能买到安全、快乐、感情，也买不到发自内心的满足感。因此，有很多家财万贯的人过着穷人望尘莫及的奢侈生活，可是他们除了钱之外一无所有，反倒不如那些穷人，虽然终日奔波劳碌，却有人真诚地分享他们的喜悦。

所以，为了避免孩子的内心空虚，家长在努力为孩子提供优越的物质条件时，更应该重视帮助孩子形成正确的金钱观，让孩子追求内心的富足，不要被金钱迷惑。对此，有以下几种方法可以供家长参考。

1. 经常提醒孩子不要用金钱衡量一切。

当孩子刚刚接触金钱时，往往因为各种原因会将金钱看得无比重要，然后给身边的所有事物和人进行"定价"，认为金钱是衡量一切的标准。这时，家长一定要经常教育孩子，不要把金钱看得过重，世界上有很多事情是不论多么有钱都无能为力的。比如，家长可以告诉孩子，别人不论用多少钱都买不走他们的宝贝孩子。

拿破仑·希尔，美国著名的成功学大师，曾经在他的《思考致富》中归纳了人生的12条财富，其中前11条都是关于精神、心态和与人分享的，只有最后一条提到了金钱，可见内心和精神层面的东西在他心中占的比重有多大。因此，家长可以多给孩子买这样的书，帮助孩子形成正确的金钱观。

另外，家长在教育孩子的时候，不妨效仿卡尔·威特，为孩子树立榜样，让孩子深刻体会到金钱不是一切，不要用金钱衡量一切。家长还可以通过一些生活中的小事教育孩子，比如，周末的时候家长尽量不为拿双倍工资加班，而是在家陪伴孩子，让孩子觉得对家人的陪伴比挣钱重要。切忌给孩子买许多零食或玩具，然后将孩子锁在家里。

2. 鼓励孩子捐款助人。

在日常生活中，家长应该多鼓励孩子将零花钱和压岁钱捐给生活困难的人，让孩子通过实际行动体会比花钱更大的满足。当孩子真正体会到帮助别人的成就感时，就会自觉地帮助别人，从而心甘情愿地多做对他人有益的事情。久而久之，金钱在孩子心目中的地位会逐渐下降，孩子也学会了努力寻找精神财富。

教孩子维护自己的利益

每个孩子都应该学会维护自己的利益，卡尔·威特在教育自己的孩子小卡尔时特别强调这一点。

有一天，小卡尔激动地跑到他的爸爸卡尔·威特面前，告诉爸爸他做了一件好事，然而卡尔·威特得知他所做的好事后并没有表扬他。原来小卡尔和他的小伙伴们这些天一直在帮农夫卡里莱恩斯做农活，收割麦子，而卡里莱恩斯自己却一直躺在阴凉处睡觉。

小卡尔告诉爸爸，是卡里莱恩斯主动找他们帮忙干农活的。他们觉得反正自己闲着也是闲着，不如去做一些有意义的事情，还可以帮助到别人，一举两得，于是便爽快地答应了。

孩子们的热心帮助使卡里莱恩斯省下了雇人干活的钱。但是，卡尔·威特明白，卡里莱恩斯的这种行为是在利用孩子的单纯。于是，卡尔·威特决定让孩子们不再受卡里莱恩斯的利用。卡尔·威特告诉小卡尔，他们并不是在帮助好人做善事，而是在帮助懒惰的人偷懒，不仅如此，卡里莱恩斯还侵害了他们的利益，他们应该勇敢地去保护自己的利益。卡尔·威特教给小卡尔一个争取自己利益的方法。

第二天，小卡尔和小伙伴们在帮卡里莱恩斯干活时，突然下起了大雨，他们丢下麦子跑去躲雨。眼看麦子就要被淋湿，卡里莱恩斯急坏了，他请求小卡尔他们帮忙把麦子装上马车。然而小卡尔却要卡里莱恩斯先把这几天的工钱结了，被逼无奈的卡里莱恩斯只好付给他们应有的报酬。

小卡尔通过努力维护了自己应得的利益。

毫无疑问，卡尔·威特的这种教育方法是值得借鉴的。当孩子的利益受到侵害时，卡尔·威特没有盲目地夸赞孩子所谓的善良，而是教孩子去维护自己的利益。试想，如果卡尔·威特没有意识到这件事侵害了小卡尔的利益，或者没有把这件事放在心上，小卡尔将来遇到类似的事情时可能也不会去维护自己的利益。

在现实生活中，很多家长没有像卡尔·威特这样做，他们没有察觉到有些事情侵害了孩子的利益，也没有正确地引导孩子去维护自己的利益。这对孩子的健康成长是不利的。

小华和小刚同住一个小区，还是邻居。他们都在上幼儿园，小华性格内向，小刚外向活泼。

一天，小华在楼下玩遥控飞机时，碰到了小刚。小刚看小华玩得开心，自己也想玩。于是他霸道地对小华说："给我玩玩你的遥控飞机！"小华不想给小刚玩遥控飞机，他自己还没玩够呢。于是他转过身没理小刚。

小刚见状，气急败坏地和小华抢夺遥控飞机，小华抢不过比自己壮的小刚，哭着跑回了家。

回家后，小华把这件事告诉了妈妈，妈妈得知此事后虽然也有点儿生气，但是她觉得不能因为一个小小的遥控飞机伤了邻居之间的和气，于是她安慰小华说："遥控飞机没了就没了，就当送给小刚了，妈妈明天再给你买一个新的。"小华听后止住了眼泪，开始等待新的遥控飞机。

第二天，妈妈给小华买了新的遥控飞机。然而小刚觉得之前抢到的那架飞机太旧了，又抢走了妈妈给小华新买的遥控飞机。

故事中小华的利益受到了侵害，然而小华的妈妈并没有帮助孩子要回属于自己的东西，而是选择了隐忍。这样一来，小刚觉得小华懦弱可欺，于是，才有了第二次的"抢夺"，今后也许会继续"压榨"小华，这对小华的成长是十分不利的。

其实，在生活中，有很多像小华一样的孩子，也有很多像小华妈妈一样的家长。这些家长并没有把维护孩子的利益看得很重要，既然家长不重视，又怎么能引起孩子的重视呢？家长不教给孩子如何去保护自己的利益，孩子又如何能自己学会呢？因此，当孩子的利益受到侵害时，家长要重视起来，告诉孩子维护自己利益的重要性，并且教给孩子一些维护自己利益的方法。下面有几条建议供家长参考：

1．通过讲故事、讲道理的方法，帮助孩子树立维护自身利益的意识。

当小卡尔的利益受到侵害时，卡尔·威特通过直接给小卡尔讲道理的方式来帮助小卡尔保护自己应得的利益。但是，有的孩子可能听不明白这些道理，这时候，家长可以通过讲故事的方式来使孩子明白其中的道理。孩子都喜欢听故事，家长可以在睡前给孩子讲关于这方面的小故事，然后问孩子如果他是主人公，他会怎么做，以此来帮助孩子从小树立维护自己利益的意识。

2．设置多种情景，让孩子体验遇到不同情况时应该如何维护自己的利益。

俗话说："光说不练假把式"，当孩子具有一定的维护利益的意识时，家长可以模拟一些情景，让孩子去不同的情景中体验，这样，当孩子真正遇到一些侵害自己利益的行为时，也可以很快想出解决方法。在模拟情景时，每位家庭成员都可以参与进来，分别扮演不同的角色，孩子扮演利益被侵害的角色，家长可以根据剧情需求扮演侵害利益者等角色。这样不仅可以改善家庭成员之间的关系，也可以锻炼孩子的随机应变能力。

3．教育孩子懂得寻求老师、家长等人的帮助。

家长要告诉孩子，遇到有人侵害自己的利益时，不要忍气吞声，因为自己的懦弱可能会使别人有机可乘，也不要"鸡蛋碰石头"，要懂得量力而行。当自己无法解决问题时，可以寻求家长、老师等人的帮助。告诉孩子，孩子不要觉得不好意思，要勇敢地把事实说出来，才能够维护自己的利益。

第十一章

掌握避免伤害孩子的
教育方法

给孩子营造和谐的家庭氛围

当小卡尔五六个月大的时候，他对妈妈摸过的东西、做过的事情非常感兴趣。他触摸盘子、勺子，学着妈妈的样子拿起来，看看它们的样子、颜色，然后又放下。卡尔·威特也经常帮妻子做家务，对小卡尔来说，爸爸和妈妈一起做事的时候是非常快乐的，他跟在父母后面学着他们的样子也忙着"做家务"，正是在这样的家庭氛围下，小卡尔很快学会了走路，认识了周围的事物，和父母的关系也非常和谐美好。

休息的时候，卡尔·威特会给小卡尔讲有趣的故事，还和妻子一起带着小卡尔一起玩角色扮演的游戏。在游戏的过程中锻炼了小卡尔的语言能力。

卡尔·威特非常了解家庭氛围的重要性。家庭氛围是孩子成长的第一个环境，也是最重要的环境。和谐的氛围让孩子在充满爱的环境中长大，让孩子变得友善、乐观，和父母的互动能开发孩子的智力，让孩子更加健康地成长。

小宋今天在学校又闯祸了，他因为一件小事把隔壁班的学生打得头破血流，班主任吓坏了，赶紧叫来了小宋的妈妈。

"老师，我们家小宋又和别人打架了吗？"小宋妈妈走进办公室后赔笑道。

"这次情况比较严重，他把那个同学打成了重伤，对方的家长不依不饶，处理起来很麻烦啊！"老师叹着气说。

小宋妈妈听了顿时火冒三丈，抓起放在办公桌旁边的扫帚就打了小宋一顿，而且边打边骂："小兔崽子，成天给我们找麻烦，我上辈子欠你的吗？你这么折磨我，我哪里对不起你了……"

"小宋妈妈，快住手，你这样打孩子是不对的！"老师赶紧阻止她。

"老师，您在学校以说教为主，我在家以体罚为主，这样教育才能起作用。不然，这个小兔崽子就要上天了！"可能是打得太用力了，小宋妈妈说话都气喘吁吁的。

"小宋妈妈，以后别再这么打孩子了。您打了十几年，可是小宋并没有成为您心目中的好学生啊。"老师看着可怜分分地站在一旁的小宋，心里有一种说不出的难过。

一次，老师决定到小宋家家访。这件事让小宋知道了，他立即去找老师。

"老师，您还是别去我家了，免得吓着您。"小宋说。

"为什么，你们家哪里吓人？"老师问。

"我们家很吵……"小宋说。

老师以为是小宋不想让她去家访，便笑着说："看你说的，你们家难道是菜市场啊？"小宋没有说话。

到了小宋家之后，老师刚一进门就看见满屋子的人，而且烟味、酒味很重，原来，小宋的妈妈在家里设了几张麻将桌，每天都有人在他们家打麻将，而且说话的声音很大。老师看了看小宋，这才明白他为什么经常抽烟、打架。在这么混乱、吵闹的家庭环境中成长，孩子没有品学兼优也在意料之中。

案例中的小宋在学校里和别的同学打架，经常闯祸，看起来是一个典型的"坏学生"。但是老师家访后发现，小宋的家庭氛围很不好，他是在这样的环境中长大的，不难理解孩子为什么不好好学习。家庭是孩子的第一所学校，一个人的行为习惯都会被深深地烙上这所学校的印记。因此每位家长都要负起责任，给孩子温馨和谐的家庭，只有这样，孩子才能健康成长。这里有几点建议供各位家长参考：

1. 改善家庭关系。

如果夫妻俩经常闹矛盾，就要注意克制彼此的情绪，争取用更理智、更有效的方法来解决双方的分歧，尤其是不要当着孩子的面大吵大闹。如果家长和孩子的关系比较僵，那么家长就要想办法慢慢挽回孩子的心，让孩子逐渐接受家长，亲近家长。当夫妻关系、亲子关系得到改善后，家庭氛围自然就会变得和谐温馨，孩子的心情也会变好，对生活充满热情，成绩也会慢慢提升。

2．杜绝家庭暴力。

无论是夫妻之间的家庭暴力还是对待孩子的家庭暴力，对于孩子幼小心灵的打击都是摧毁性的。孩子对于父母吵架、打骂等往往非常敏感，他们少不更事、思维单一，总认为自己是父母之间暴力的根源，会产生一种难以名状的恐惧和内疚，害怕父母离异，更害怕被抛弃。有些家长动辄打骂孩子，本来是发泄情绪，心中对孩子的爱并没有减少。可是孩子并不这么认为，他们会认为父母是因为不喜欢自己，所以才会打骂自己的，总有一天父亲会真的"打断自己的腿"。

家长还要注意树立良好的家风，让爱、尊重和民主成为家庭的主旋律，伴随孩子快乐成长。

在一个充满爱的家庭中成长的孩子，他的心中就会充满爱，爱父母、爱老师、爱朋友，在爱的鼓励下，孩子的品质和成绩都会比较出色。在一个家庭中，如果家庭成员互相尊重，就很少有争吵、打骂，父母不会随意打骂孩子，孩子也不会随意和父母抬杠，因为大家都有一个共同的意识——要互相尊重。我们都希望自己能够生活在一个民主的社会里，但往往会忽略首先要建立一个民主的家庭。很多父母独断专行，希望孩子一切听从自己的安排，这种不民主的家庭环境并不利于孩子的成长。

不要用粗暴的方式对待孩子

在教育孩子方面，卡尔·威特认为后天的环境比天赋更为重要。他觉得很多拥有不错天赋的孩子最后之所以成为碌碌无为的人，大部分原因在于父母的极度逼迫。在生活中，很多父母过于在意孩子的天赋，忽略了对孩子后天的培养，对孩子的要求非常严苛。结果，孩子产生了逆反心理，心里充满了压抑和不满。

小卡尔出生几天后，卡尔·威特的朋友格拉彼茨牧师前来拜访。本来格拉彼茨牧师看见小卡尔非常开心，但当他发现小卡尔的反应有点迟钝时，感到十分担心。于是，他建议卡尔·威特通过后天的培养来帮助孩子。卡尔·威特听后表示同意这个观点。

格拉彼茨牧师继续说道："既然孩子不太聪明，那么就要从现在开始培养孩子。你和你的妻子，还有小卡尔都要做出牺牲。"他认为既然小卡尔先天不足，那么就要在后天接受比其他孩子更为严苛的训练来弥补这个缺陷，这样做虽然剥夺了小卡尔享受幸福童年的权利，但是对小卡尔的将来是非常有好处的。因此，他认为即使卡尔·威特和妻子失去家庭中应有的温暖，也在所不惜。

卡尔·威特听完格拉彼茨牧师的话，立刻表示反对。他认为没有什么比一家人幸福地生活在一起更重要。格拉彼茨牧师说，孩子的前途最重要。卡尔·威特表示，孩子的前途固然重要，但这样的做法不仅让孩子失去了快乐的童年，也让他无法学到所需要的知识，孩子是无法健康快乐地成长的。卡尔·威特认为，任何逼迫和急功近利的做法都会对孩子产生不好的影响，甚至会毁了孩子的一生。

卡尔·威特认为，每个孩子都是需要被温柔地对待的。严厉的后天教育并不一定会给孩子带来好的影响，反而会让孩子的心里留下难以磨灭的阴影。孩子的内心纯真而脆弱，父母需要用心呵护，才能让孩子健康快乐地成长，拥有正确的人生观和价值观。父母希望孩子成才的心情，每个人都可以理解，父母所有的出发点都是为了孩子好，但是如果为了让孩子成才而采用过激的方式，最终导致孩子的心灵受到伤害，未免有些得不偿失。

英国哲学家和经济学家约翰·穆勒少年时就曾被父亲要求刻苦学习，他没有假期，没有休息的时间，不许有其他爱好，这些都使年少的穆勒感到心情压抑。穆勒在自传里写道，他和父亲聊天时，开头通常都是轻松愉快的，但一旦父亲发现穆勒有错误，这愉快的气氛就会戛然而止，满脸慈祥的父亲突然变成了血腥的"复仇者"。从穆勒对父亲的描述中，我们不难看出，穆勒的父亲对穆勒的严苛要求变成了穆勒的噩梦。之后穆勒只要一回忆父亲就会觉得痛苦，最终导致穆勒终身都感到心理上有障碍。这也是为什么卡尔·威特认为父母不能粗暴地对待孩子的重要原因。父母是孩子的避风港，是在孩子遇到困难的时候能给予孩子温暖和力量的人。但是如果父母这样逼迫孩子，让孩子失去了对父母的信任，使孩子的精神和情感都受到严重创伤，必定会对孩子的成长造成非常不利的影响。

　　小路的妈妈年轻的时候想当一名音乐家，可是因为家庭条件的原因，小路的妈妈最后只能成为一名普通的家庭妇女。小路出生后，小路的妈妈就希望孩子能够完成自己的梦想，看到小路对音乐有兴趣，小路的妈妈非常高兴，努力把孩子往音乐家的方向培养。

　　小路五岁的时候，小路的妈妈就给小路报了钢琴班进行音乐启蒙，除了每天一小时的钢琴课，还有每天晚上两小时的练习。每当小路磨磨蹭蹭，表现出不愿意练习的时候，小路的妈妈就会对小路进行严厉的批评教育。有一次，小路实在感到厌烦，无论妈妈怎样劝说，都哭闹着不愿意继续练习。小路的妈妈气急了，伸手就打了小路一巴掌。小路吓坏了，只好哭着坐在钢琴前继续练习。但在此之后，小路失去了对钢琴的兴趣，去上课的时候整个人都是游离状态，不好好听讲，回家练习也是为了应付妈妈随便弹弹。小路去考钢琴六级的时候，连续考了三次，都没有通过，小路的妈妈又急又气地去找老师了解情况。老师告诉小路的妈妈，小路对钢琴根本没有兴趣，这样下去是不行的，建议小路妈妈给小路换一种乐器。

　　小路的妈妈回家后跟小路谈心，小路说她不喜欢钢琴，妈妈让小路选一种她喜欢的乐器，小路选择了古筝。但是练习了不到半年，小路对古筝也失去了兴趣。经过多次这样的情况后，小路的妈妈最终放弃了让孩子成为音乐家的梦想。

　　案例中小路母亲的出发点是好的，想要帮助孩子成才，但是她过激的行为方式对孩子造成很大的伤害，导致孩子失去了学习的兴趣，最终放弃了对钢琴和古筝的学习。中国自古以来就有"不打不成才""打是亲，骂是爱"这样的说法，在这样的传统文化的影响下，很多父母采取了严苛的教育模式来督促孩子，但过于严苛的教育方式不仅不能帮助孩子成才，甚至会产生相反的反效果。

　　作为家长，在对孩子进行教育的时候要格外注意说话的方式和采取的行为。因为孩子的内心非常脆弱和敏感，因此家长要在语言和行为方面多加注意，不能给孩子造成心理阴影。如何采用不伤害孩子的方式对孩子进行有效的教育呢？这里有几点建议供各位家长参考：

1. 家长要避免粗暴地对待孩子。

用粗暴的方式对待孩子，不仅会让孩子的身体受到伤害，孩子的心理也会留下阴影，这些心理上的阴影会伴随孩子的一生，甚至改变孩子的世界观、人生观、价值观，对孩子未来的生活和人际交往产生很大的负面影响。孩子在小的时候所经历的事情会对孩子的价值观、是非观的形成产生重大的影响。在孩子的幼儿时期，父母对孩子做出的粗暴举动，除了让孩子产生生理创伤，还会让孩子感到恐惧，觉得被遗弃，产生逆反心理等。严重时，孩子甚至会对父母产生仇视心理。

2. 温柔的教育方式孩子更容易接受。

如果孩子在成长过程中出现问题，父母要多和孩子交流，认真倾听孩子的心声。发现问题的根源后，用和孩子讲道理或和孩子协商的方式解决问题。当孩子出现问题后，父母不要采取极端的方式处理，首先让自己冷静下来，再仔细观察孩子，站在孩子的角度想问题，与孩子共同解决问题。很多父母总觉得孩子小，不懂事，需要父母的安排，其实父母不妨试着用对待大人的方式对待孩子，父母会发现孩子其实明白很多道理。

3. 盛怒时不教育孩子。

父母要明白盛怒时不教育孩子的道理。有的时候，孩子做了错事，父母会非常生气，如果这时管教孩子难免会将怒气发在孩子身上，事后又会后悔。如果出现这种状况，父母可以先将教育孩子的时间推迟一些，等自己冷静下来再说，这也给孩子反思自己的机会。面对孩子的成才问题，父母不能严苛地要求孩子，也不能总是顺着孩子的心意，过度宠爱孩子。父母要找到一个适合自己孩子的方式，根据孩子自身的特点，安排适当的学习内容，帮助孩子。对于年纪小的孩子，父母们可以尝试用寓教于乐的方式教育孩子，让孩子在学到知识的同时，也能感到快乐。

家长要学会正确地批评孩子

小卡尔在学习的过程中，有段时间总是走神，卡尔·威特很快就注意到了这点。这时候，卡尔·威特想到的不是孩子不勤奋学习，而是孩子是不是在学习过程中遇到了什么困难。有一次，卡尔·威特发现小卡尔捧着一本书坐了很久，但是一页都没有翻动。等到休息的时候，卡尔·威特对小卡尔说，无论做什么事都要集中精力，如果不能专心致志，不管花多少时间都是没用的。

小卡尔问道："难道爸爸知道到我走神了吗？"

卡尔·威特回答说："是的，可以告诉我你为什么走神吗？你是对学习失去了兴趣吗？"

小卡尔想了想说："不是的，我仍然觉得学习很有趣。"

"那你今天为什么走神了呢？"卡尔·威特问道。小卡尔犹豫了。

"没关系，告诉我好吗？我想你一定是有了什么不能解开的疑问。"卡尔·威特继续说道。

小卡尔解释道："我在想我学这些东西有什么用，学木匠活可以做家具，学铁匠活可以打铁，但是我学这些诗歌和语言可以做什么呢？"

小卡尔这样的想法并没有让卡尔·威特生气，相反他很高兴，因为卡尔·威特认为小卡尔开始思索更深层次的问题了，这是对小卡尔进行教育的好机会。

"我很高兴你这么想，"卡尔·威特说道，"因为你在思考。知识是一切事物力量的来源。如果你没有学力学，你不会知道建造房屋需要多少木材；如果你没有学物理学，就不会知道把铁放进火里能使它熔化。"卡尔·威特尽量说得有趣。

小卡尔哈哈大笑。

卡尔·威特趁机说道："诗歌、音乐和文学，这些都是智慧的结晶。我教你不同的语言是为了让你更好地理解不同的文化，就像你喜欢但丁，但如果你不懂意大利语，你怎么能真正了解他呢？而且你在学习中感到了快乐，还有什么比这个更重要吗？"

听完父亲的话，小卡尔的眼睛里重新散发出喜悦的光芒。

卡尔·威特认为父母在批评孩子的时候，一定要做到让孩子心服口服，让孩子明确自己的过错，同时父母要弄明白事情的真相，不能错误地批评孩子。这看起来似乎很简单，但真正做到这一点，其实很难。在教育孩子的时候，父母要用孩子能够明白的道理去教育孩子，这要求父母本身就明白这个道理。在给孩子讲道理的时候，父母要用简单易懂的语言告诉孩子，不要照搬书上那些死板的文字。

同时，父母应该注意，批评孩子不代表惩罚孩子。批评孩子是为了让孩子明白自己的错误，并且改正错误，而不是为了惩罚孩子。父母的言行举止对孩子产生的影响会伴随孩子的一生。卡尔·威特在教育孩子的时候，非常注意这一点。他在批评孩子的时候，一定会弄清楚事情的真相后再加以评价。作为父母，要理解孩子，帮助孩子解决自己的困难和疑惑，如果父母对孩子的行为进行片面的理解，不仅不能对孩子有所帮助，还会产生负面影响。用合适的方法帮助孩子明白道理，改正错误，这才是正确的批评方式。

冰冰今年六岁了，长得可爱又懂礼貌。但是最近冰冰的妈妈很头痛，原因在于每天早上冰冰自己洗完脸都不会把自己的洗漱用品整齐地摆在洗漱台上，冰冰的妈妈为此说了冰冰很多次，可每次都没有效果。

这天晚上冰冰的妈妈加班回到家，看到冰冰躺在沙发上悠闲地看电视，立刻生气地问冰冰："你的作业写完了吗？就知道看电视。"

冰冰说："作业已经做完了。"妈妈看看冰冰说道："作业写完了，就早点睡，看什么电视，不知道明天还得上课吗？"

冰冰赶快去洗漱，冰冰的妈妈做完家务打算去洗漱，看见冰冰把洗漱台弄得到处都是水，洗漱的东西也没有放回原位，再加上身体疲惫，立刻火冒三丈。冰冰的妈妈跑到冰冰的房间大声责骂冰冰为什么不把东西放回原位，还说如果下次再这样就要揍冰冰。冰冰哭着说知道了。

第二天早上，冰冰的妈妈起来做早饭，喊冰冰起来洗漱。冰冰看看妈妈，搬了一个小凳子到洗漱台那里。突然，"砰"的一声，冰冰从凳子上摔了下来。冰冰妈妈看到又心疼又生气，赶快把冰冰扶起来，问冰冰为什么把凳子搬到这里。冰冰哭着说，他够不到洗漱台的里面，搬凳子是想把东西放回原位。原来，冰冰的爸爸妈妈个子都比较高，所以家里的洗漱台也很高，但是对冰冰来说太高了，所以冰冰每次都不能把洗漱用品放回原位。

案例中的孩子因为无法按照妈妈的要求摆好洗漱用品，因此总被妈妈责怪。案例中的妈妈却一直没有发现孩子始终达不到自己的要求是什么原因，只是简单地按照自己的想法对孩子进行批评，最终导致孩子摔跤和受伤。

孩子在成长的过程中总是会出现这样或那样的错误，但是父母要明白孩子出现错误的原因，理解孩子的心情，正确地批评孩子。正确地批评孩子不仅指批评孩子的方式要正确，同时也是指父母要弄清楚孩子犯错误的真相，不要冤枉孩子，错误地指责孩子。如果父母冤枉了孩子，这比采取错误的方式教育孩子产生的后果更糟糕。如何避免在批评孩子时犯错，这里有几点建议供各位家长参考：

1. 父母要采取正确的方式批评孩子。

父母在批评孩子时要有理有据，让孩子心服口服，这样孩子才能意识到自己的错误，避免再次犯错。卡尔·威特通过观察孩子，相信孩子，采用正确的方法教育孩子，让小卡尔重拾对学习的热情。而冰冰的妈妈采用粗暴、错误的方式对待孩子，虽然最后明白了孩子出错的原因，但是对孩子造成的影响却是不可磨灭的。我们可以试想，如果卡尔·威特也这样对待自己的孩子，小卡尔是不能取得如此惊人的成绩的。

2. 批评孩子不代表惩罚孩子。

很多父母在对待孩子犯错误的事情上，会采取批评和惩罚相结合的方式，但是父母在教育孩子的时候要注意，批评孩子不一定就要惩罚孩子。父母在面对孩子出现的问题时，不要没弄清楚事实就责骂孩子，首先要给孩子解释的机会，弄清楚事情的原因，像冰冰妈妈那样的做法是非常不妥当的。如果孩子真的做错了，父母的批评要有理有据，不要出现父母说你错，你就错了这样的现象,父母要向孩子解释孩子错在哪里,为什么不对,应该怎么做,帮助孩子树立正确的价值观。如果孩子承认错误的态度良好,并且已经深刻认识到自己的错误,这时候就没有必要非得惩罚孩子,有时候不惩罚反而比惩罚更有用。

3. 父母在批评孩子的时候一定要尊重孩子。

当孩子出现个体意识的时候,自尊心就会随之出现,父母如果采用错误的方式批评孩子,就会伤害孩子的自尊心,会让孩子出现自卑等心理问题。因此,父母如果必须要批评孩子,尽量对孩子进行单独批评,尽量不要在别人面前责骂孩子。如果孩子犯了大错,父母可以采取批评和处罚相结合的方式,但是处罚一定要适度,否则就会伤害孩子。父母在批评孩子的时候不要对孩子进行人身攻击,要照顾到孩子的自尊心。另外,父母要注意,批评孩子的时候不要说脏话,这样不仅不能帮助孩子,反而会教会孩子说脏话。

父母要有一致的是非观

在小卡尔还在襁褓中的时候,有一天,卡尔·威特看见自己的妻子正在给孩子喂牛奶,就问道:"刚才不是喂过孩子了吗?"

妻子说:"是的,我只是看他在哭,就想多给他喂点儿牛奶。"

"不,"卡尔·威特说道,"孩子刚刚已经吃饱了,他不需要再吃任何东西。"

卡尔·威特拿走了奶瓶。因为不能喝牛奶,小卡尔突然大哭起来。卡尔·威特的妻子不高兴地说:"你这是干什么?"

小卡尔的外婆也听见哭声走了过来,说道:"天啊,你怎么能这样对待一个孩子?孩子都是要喝牛奶的!这孩子从生下来就遭受了很多不幸,你怎么还能这样对他呢?"

"我没有不让他喝牛奶,只是现在他还不需要。"卡尔·威特解释道。

"你总说要培养小卡尔成才,可是你连牛奶都不让他喝,他怎么能成才呢?"外婆生气地说。卡尔·威特对于孩子外婆的斥责并没有说什么。

但事后，卡尔·威特仔细地向妻子说明了道理，告诉妻子呵护孩子不等于一味地顺从孩子，这是不正确的。卡尔·威特的妻子听后，就不再像以前那样过分顺从小卡尔了。

还有一次，小卡尔在房间里突然大哭起来，卡尔·威特的妻子急急忙忙地要去看他，卡尔·威特阻止了妻子，问她："卡尔喝过牛奶了吗？"

妻子回答说："刚刚已经喂过了。"

"那他这几天不舒服吗？"卡尔·威特问道。

"没有啊。"妻子回答。

"那就这样吧，不要理他。"卡尔·威特说道。

"可是他还在哭呢？"妻子感到很疑惑。卡尔·威特说："他喝过牛奶了，没有生病，他想哭就哭吧，那是他的事情，不用理会。"

"小孩子都会哭，哄一哄就好了。"妻子说道。

"他不饿，也没有生病，那么他为什么哭呢？"卡尔·威特问道。

妻子说："小孩子都是会哭的，可能是他想我了吧。"

卡尔·威特解释说："他可能是想你了，但是最根本的原因是因为他想要被关注，不想我们忽视他。"听了卡尔·威特的解释，卡尔·威特的妻子不再像以前一样听见孩子的哭声就过去哄孩子。结果没过多久，小卡尔就不哭了。卡尔·威特和妻子偷偷去看他，发现小卡尔自己玩得很开心。

有的父母可能认为教育仅仅是教孩子读书写字，让孩子学习知识。但其实这只是教育的一部分，卡尔·威特认为从孩子出生到孩子长大成人，孩子生活的方方面面都属于教育的范畴。但是在教育的过程中，父母要保持一致的是非观，这样才能帮助孩子养成正确的行为习惯。就拿喂孩子吃东西这件事来说，小卡尔的母亲总是怕孩子饿，觉得孩子吃得越多越好。而卡尔·威特认为吃得太多不仅会对孩子的大脑发展产生阻碍，还会让孩子形成食物可以带来安慰的想法。

父母的态度不一样，孩子就会有不同的反应，容易让孩子形成在父母面前态度不一样的行为习惯。父母应该用谨慎的态度来培养和教育孩子，培养教育孩子要从生活中的一点一滴开始，即使是非常小的事情，父母也需要注意。父母的态度不一样，会让孩子感到困惑，降低父母在孩子心中的威信，降低孩子的自控能力，对家庭教育的开展也非常不利。

　　月月今年五岁，长得非常可爱，喜欢唱歌跳舞，是个非常活泼的小姑娘。但是在性格上，月月却有点儿不自信。平常月月的妈妈带月月出超市，问月月想买什么东西，月月总是要考虑很久，月月的妈妈就会着急地说："你随便拿一个吧。"

　　月月随便挑一个东西，回家又不喜欢，丢在角落里。月月的妈妈好几次告诉月月："拿东西要拿自己喜欢的，不要随便拿一个，拿回来你又不喜欢，这样就是浪费钱。"月月就敷衍地点点头，有的时候烦了，就说："当时是你让我随便拿一件的。"

　　月月的妈妈觉得应该帮助孩子改掉这个坏习惯，就向育儿专家请教该怎么办。专家听完这种情况，问月月的妈妈是否经常会和月月的爸爸观点不一致。

　　月月的妈妈想了想说，大体上是一致的，比如该怎样教育孩子，但月月爸爸太宠女儿，所以有时候在一些细节上会不太一样。"可以告诉我这些细节吗？"专家问道。

　　月月的妈妈想了想，说道："比如在孩子睡觉的问题上，家里定的时间是九点，到了九点就要让月月睡觉。但是月月喜欢看电视，有时候吵闹着要再看一会儿再睡，我不同意，月月就去找爸爸，向爸爸撒娇，爸爸就会同意月月晚睡十五分钟，这样一再推迟，就到了晚上十点。再比如，月月上了音乐课，回来后，我让月月唱给我听，有时候爸爸就会开玩笑，非得让月月跳舞，这时候月月就不知道该怎么办了。"

　　专家说："孩子小的时候很多观念都弄不清楚，不要给孩子模棱两可的答案，无论何时，父母的观点都要一致，给孩子明确的答案。"月月妈妈回去后和月月爸爸商量后，很快，月月就能够明确自己的目标了。

　　案例中孩子的父母不同的标准，导致孩子养成做事拖拉、没有明确目标的习惯。父母的双重标准有时候的确会给孩子造成困扰。因此作为家长，一定要统一是非标准，让孩子有一个更加清晰和准确的行为指导。

中国有句俗话叫"严父慈母"，主张父母两个人应该一个唱白脸，一个唱红脸，刚柔并济。但有时候，父母的教育观念不一致，这对孩子的影响是非常大的。比如事例中的月月，父母的观点不一致，对她的心理健康产生了不好的影响。孩子本身是非常相信父母的，在孩子心里，父母就是正确的，所以当父母的意见产生分歧时，孩子就会不知所措，父母在孩子心中的威信也会降低。这里有几点建议供各位家长参考：

1．父母要有一致的是非观。

在教育孩子的问题上，无论多小的事情，父母都要保持一致。幼儿时期的孩子是非观念不成熟，如果父母产生了分歧，这会让孩子感到无所适从，不知道怎么办才好，对孩子的人格塑造会产生不好的影响。如果出现这种情况，做父母的应向卡尔·威特那样，和对方认真地谈一谈，商量出双方都认同的观点，如果有一方是正确的，另一方不要因为面子而坚持，要做出让步，不要固执己见。

2．父母不要在孩子面前吵架。

如果父母产生了分歧，无论何时，都不要在孩子面前吵架。这会让孩子产生恐惧、不安等心理，这样的孩子往往比其他孩子内向、胆小，在父母面前不敢表现出真实的自己。孩子年纪小，没有像成年人一样成熟的是非观念，孩子的是非观来源于父母。生活中，如果父母产生分歧，孩子会不知所措，甚至产生胜利的一方就是正确的这样的观点。长此以往，孩子的是非观念会非常模糊，遇事会不知所措，甚至误入歧途。如果遇到这样的事情，父母双方不要当着孩子的面指责另一方，父母要学会维护对方和自己的尊严，避免对孩子的教育产生负面影响。之后再寻找合适的机会，单独交流，商量出双方都可以接受的观念。

3．父母有了分歧，要想办法解决。

产生分歧后，父母可以找一个孩子不在的时间，双方都表达出自己的意思，心平气和地探讨怎样更好地教育孩子。父母意见不一致时，孩子会感到无所适从，这时，孩子会用本能选择对自己有利的一方，比如孩子想吃糖，父亲不同意，而母亲却同意了，这时候孩子就会向着母亲。很多父母认为两个人教育方式不一样会给孩子更多选择，是对孩子好，但是这种情况也会让孩子在爸爸面前一个样，在妈妈面前一个样。因此，父母对孩子一定要有统一的教育方式，帮助孩子更好地树立价值观。

表扬孩子不要过度

有一次，卡尔·威特带着小卡尔去拜访一位先生。这位先生提出想要考一考小卡尔，卡尔·威特对这位先生说："无论考得怎样，都请你不要表扬小卡尔。"

这位先生擅长数学，因此想要考数学，卡尔·威特说："只要不表扬孩子，考什么都可以。"这位先生先考了小卡尔人情世故，然后考学问，小卡尔的每个回答都让这位先生非常满意。最后考小卡尔数学时，每道题小卡尔都可以用两到三种方法解出来，这位先生禁不住要表扬小卡尔，卡尔·威特立刻给他递眼色，这位先生才忍住。

考着考着，这位先生忍不住说道："这个孩子已经超过我了。"卡尔·威特立刻说："这是因为孩子在学校里听的数学课还记得而已。"

谁知道，这位先生又用更难的题来考小卡尔，并且对小卡尔说："如果你能把这道题解出来，那你真的很了不起。"卡尔·威特开始担心，不是怕孩子做不出来，而是怕孩子做出来后感到骄傲。但是卡尔又不方便说不要让孩子做那道题，怕这位先生误会，只好故作镇定。这位先生确认小卡尔没做过这道题后，就让小卡尔做做看，然后和卡尔·威特来到另一个房间里，对卡尔·威特说："我是为了让你的孩子知道世界上还有这么难的题才让他做的。"

话音刚落，小卡尔喊道："我做出来了。"这位先生疑惑地问："你是不是事先知道这道题？"小卡尔委屈地说："我不知道。"

看到这种情形，卡尔·威特站出来担保说："我的孩子我清楚，这个问题他确实是第一次遇到。"这位先生赞扬了小卡尔已经胜过了很多学数学的人，卡尔·威特立刻说这只是偶然的情况。这位先生明白了卡尔·威特的意图，附和说是的。

卡尔·威特就是用这种方法教育小卡尔的，不仅自己不过多地表扬孩子，也常常拒绝别人表扬孩子，杜绝孩子养成自满这种不良的习气。卡尔·威特常常教育孩子，因为别人的评价而高兴或难过是愚蠢的，被人中伤而难过的人虽然愚蠢，但是稍稍表扬就飘飘然的人更加愚蠢。

表扬孩子可以增加孩子的自信，让孩子更加聪明，但是卡尔·威特主张父母不要过度表扬孩子。卡尔·威特认为，如果父母常常在小事上表扬孩子，表扬就会渐渐失去作用。因此，卡尔·威特根据孩子做的事情的大小，给予孩子相应的表扬。如果小卡尔做得很好，卡尔·威特只会说不错。如果小卡尔做了特别大的好事，卡尔·威特才会亲吻小卡尔。最重要的是让孩子明白，对做了好事的报答就是做好事本身的喜悦。

不过度地表扬孩子是为了不让孩子产生自满的心理，这种心理一旦产生，就很难纠正。卡尔·威特在教给孩子知识的时候，对孩子所取得成就不做过多的表扬或者奖励，目的就是不让孩子产生骄傲自满的情绪。但是生活中很多父母喜欢在大家面前炫耀自己的孩子，这样非常容易让孩子产生骄傲自大的情绪，甚至会毁掉一个很有潜能的孩子。卡尔·威特常常告诫小卡尔，一个人不管有多聪明、多有知识，都不能和上帝相比，他的智慧和上帝相比只是沧海一粟。只有这么点儿知识就骄傲的人是非常可怜的，奉承的话也大多是假的，如果有人相信了这些奉承话，那这个人就是一个糊涂虫。

成成今年六岁，是个非常聪明的孩子。成成三岁的时候就已经认识两千多个汉字，能够将报纸上的文章大声朗读出来，还掌握了一些用于日常交流的英语词汇。成成五岁的时候，成成的妈妈给成成报了书法班、钢琴班，成成都学得非常快，而且学得非常好。成成的爸爸妈妈都非常自豪，每次聚会或是有客人来的时候，成成的父母都喜欢让成成出来表演，毫无例外，每次成成都会获得称赞。认识或是不认识的叔叔阿姨，每个人都夸成成聪明、厉害，说成成将来一定有出息。成成的爸爸妈妈觉得非常自豪。

但是前一段时间成成的妈妈发现成成对学习失去了积极性，以前到时间就练习书法和钢琴的成成现在越来越不愿意练习了。成成的妈妈问成成是不是哪里不舒服，成成只是说休息一下，一直拖拖拉拉。到了晚上，成

成的妈妈让他去练习书法和钢琴，成成却说这么晚了，他要睡觉了，反正
自己都会了，少练一晚没什么。成成的妈妈苦口婆心地劝说成成，告诉成
成知识是要积累的，书法和钢琴也要每天练习才行，虽然少练一会儿看起
来没什么，但长此以往差距就很明显了。但是成成根本听不进去，依旧我
行我素。

孩子早期所接受的信息对孩子会产生非常大的影响。成成变成这样，就是
因为身边的人过度地表扬成成，让成成逐渐有了自大的心理。这种心理让成成
觉得自己无所不能，即使不学习、不努力，依旧可以做得很好，正是这种心理
最终对成成产生严重的负面影响。这也是为什么卡尔·威特认为父母不能过多
表扬孩子的原因之一。

在生活中，有的父母喜欢炫耀自己的孩子，比如让孩子在众人面前表演
等。孩子被众人称赞，所有的父母都会感到高兴，但是这种称赞如果太多了，
往往会害了孩子。如何把握表扬孩子的尺度呢？这里有几点建议供各位家长
参考：

1．家长要控制自己的情绪，不要过度表扬孩子。

过度地表扬孩子会对孩子产生不好的影响，父母在表扬孩子的时候应该
认真考虑事情本身是否值得表扬。在必要的时候，父母要学会克制住自己的冲
动，帮助孩子明白做好事的目的不是受到表扬。过度地称赞孩子，不仅会让孩
子产生自满的心理，还会让孩子对表扬产生依赖。养成习惯的孩子会期待父母
表扬，并因此做某些事来博取父母的表扬，这时候，孩子做事的目的就变成了
邀功。如果父母不表扬，孩子会感到失落；如果表扬了，又会让孩子的这种行
为变本加厉。

2．父母表扬孩子时要抓住细节。

父母在表扬孩子的时候，要抓住孩子值得表扬的细节，明确指出孩子是因
为什么受到表扬，同时可以指出孩子哪里做得不好，应该怎样做，帮助孩子树
立正确的价值观。这样可以让孩子明白自己的优点，同时激励孩子改正自身的
缺点，因此父母在表扬孩子时要抓住重点，抓住细节。并且在表扬孩子的过程
中，父母要不断提高表扬的标准，促使孩子不断进步。

3．父母在表扬孩子时要注意表扬的方式。

    首先要实事求是，不管出于什么原因，父母都不能夸大孩子的优点。其次，表扬孩子的语气要真诚，不要用敷衍的态度对待孩子，这会让孩子的心灵受到伤害。有时候父母过度表扬孩子，这种做法会让孩子产生压力。如果父母的表扬不符合实际情况，孩子会感到困惑、反感、有压力，恰如其分的表扬会让孩子感到舒适，同时也让孩子明白自己哪里做得好，好到什么程度。